THOMAS HOHENSEE

Toxische Familien

THOMAS HOHENSEE

Toxische Familien

Verwandtschaftsbeziehungen entgiften.
Der 10-Schritte-Plan

HERDER

FREIBURG · BASEL · WIEN

www.herder.de

Satz: Daniel Förster
Herstellung: GGP Media GmbH, Pößneck

Printed in Germany

ISBN Print 978-3-451-60127-9
ISBN E-Book (EPUB) 978-3-451-83109-6

Inhalt

Einleitung

Kann man in einer toxischen Familie glücklich werden?

Sicherlich gelingt es den allermeisten, in einer toxischen Familie zu überleben. Aber kann man in einer solchen Familie aufblühen, sich entwickeln, sein Potenzial ausschöpfen, zufrieden und glücklich werden?

Die Zweifel sind berechtigt. Wenn man sich umschaut, findet man mit Leichtigkeit zahlreiche Beispiele von Menschen, die an ihren Familien, an ihrer unglücklichen Kindheit zerbrochen sind.

Andere leiden ein Leben lang unter ihren schmerzlichen Erinnerungen. Sie scheinen unwiderruflich geprägt von ihren negativen Kindheitserlebnissen.

Doch auch das Gegenteil trifft zu. Menschen erweisen sich als erstaunlich robust, sowohl in physischer als auch in psychischer Hinsicht. Die Selbstheilungskräfte vollbringen wahre Wunder. In dem wunderbaren Buch von Ben Furman *Es ist nie zu spät, eine glückliche Kindheit zu haben* berichten Menschen, wie sie es geschafft haben, trotz eines schwierigen Beginns ihr Glück zu finden. Ihre toxische Familie wurde nicht zu ihrem Schicksal. Sie fanden Wege, sich von den Schatten ihrer Vergangenheit zu befreien.

Ich weiß aus eigener Erfahrung, dass dies möglich ist. Auch viele meiner Coachingklienten litten unter ihren Eltern, Schwiegereltern oder anderen nahen Verwandten. Doch nach und nach gelingt es, in vielen kleinen Schritten und trotz wiederholter Rückschläge Alternativen zu eingeschliffenen Beziehungsmustern zu finden und dadurch den chronischen Stress in anhaltende Gelassenheit zu verwandeln. Sogar mitten in seiner toxischen Familie kann man ein eigenes Leben führen und, ja, sogar richtig glücklich werden.

In diesem Buch erfährst du, wie man den Dauerstress einer solchen Familie bewältigt, mit den eigenen negativen Gefühlen zurechtkommt (und denen der Eltern, Großeltern, Tanten oder Onkeln), und was man jederzeit tun kann, um gut für sich selbst zu sorgen.

Unter anderem werden die folgenden Fragen beantwortet:

Wie befreit man sich innerlich und äußerlich von seinen toxischen Familienangehörigen, und das ganz ohne Drama? Warum ist es wichtig, sich und die eigene Verwandtschaft wirklich zu verstehen? Und warum reicht dies dennoch nicht aus? Wie schafft man es, sich für seine Vorstellungen vom Leben nicht mehr zu rechtfertigen oder zu entschuldigen?

Wenn alles Reden nichts hilft, ist es unumgänglich, vollendete Tatsachen zu schaffen und seinen eigenen Weg allein zu gehen. Dabei man muss mit dem heftigsten Widerstand der Nächsten rechnen.

In zehn klaren und praktikablen Schritten zeige ich dir, wie man eine toxische Familie nicht nur überlebt, sondern in ihr sogar aufblühen kann. Am Ende steht die Erkenntnis, dass niemand einen aufhalten kann, glücklich zu werden und so zu leben, wie man es möchte.

Du bist nicht allein

Wen geht dieses Thema nicht an? Wie viele können von sich behaupten, aus einer wirklich liebevollen Familie zu stammen?

Schon die Märchen der Brüder Grimm berichten von Kindern wie Hänsel und Gretel, die von ihren Eltern im Wald ausgesetzt werden. Zwar handelten diese aus Not, was die Sache für die Kinder aber nicht besser macht.

Oder denken wir an Aschenputtel, die von ihrer Stiefmutter sehr schlecht behandelt wird. Auch wenn es am Ende Aschenputtel ist, die den Prinzen bekommt, macht dies ihre Kindheit nicht ungeschehen. Ich kenne Frauen, die von ihren Müttern ein Leben lang herabgesetzt wurden, Aschenputtel nicht unähnlich.

Würden toxische Familien nur in Volksmärchen existieren, wäre dies kein Problem. Doch sie sind leider in der Realität weit verbreitet. Märchen dramatisieren die wahren Geschichten nur noch etwas.

Familien streiten, zerfallen, reden nicht mehr miteinander, fügen sich körperliche und seelische Schäden zu. Konflikte, Probleme und Interessengegensätze beherrschen ihren Alltag. Das ist der Boden, auf dem Neurosen oder sogar Psychosen gedeihen.

Die Psychoanalytikerin Alice Miller hat in mehreren Büchern das Leiden der Kinder beschrieben und wie es sich im späteren Leben auswirkt. Sie war allerdings zu pessimistisch, was die Unabänderlichkeit der daraus entstandenen Probleme angeht. Ihre Analyse toxischer Familien ist jedoch beeindruckend. Dass Familien so giftig miteinander umgehen und besonders Kinder darunter leiden, ist keine Erscheinung der Neuzeit. Der Sozialwissenschaftler Lloyd deMause hat in seinem Buch *Hört ihr die Kinder weinen?* ausführlich dargestellt, wie grausam mit

Kindern in der Vergangenheit umgegangen wurde. Toxische (Familien-)Verhältnisse waren eher die Regel als die Ausnahme.

Verglichen mit solchen Zeiten hat sich vieles zum Besseren gewandelt. Das heißt aber nicht, dass Familien heute nur noch liebevoll miteinander umgehen.

Als Coach stelle ich oft fest, dass meine Klienten noch als Erwachsene unter ihren Eltern, Geschwistern oder Schwiegereltern leiden. Toxische Familienbeziehungen wirken bis ins Erwachsenenalter fort und behindern ein selbständiges, erfüllendes Leben.

In jüngster Zeit sind toxische Partnerschaftsbeziehungen ein Trendthema geworden. Die Bücher hierzu verkaufen sich sehr gut. Was bisher fehlt, ist ein psychologisch fundierter Ratgeber zur toxischen Familie; denn es sind nicht immer nur die Partnerinnen und Partner, die einem zu schaffen machen. Auch das Verhältnis zu den Eltern ist nicht das einzige, das in einer Familie toxisch sein kann. Schön wär's, könnte man mit einem bitteren Lächeln sagen.

Nein, es kommen in der Familie mehr Menschen vor, die einem das Leben schwer machen können: Geschwister, Onkel, Tanten, Großeltern, Schwiegereltern, Stiefväter und Stiefmütter. Manchmal üben sogar entferntere Verwandte ihren negativen Einfluss aus. Von den verstorbenen Ahnen gar nicht zu reden. Menschen, die man gar nicht persönlich kennengelernt hat, die aber in den Erzählungen der Familie noch immer eine andauernde toxische Rolle spielen, irgendein Ahnherr oder eine Ahnfrau, die ein fürchterliches Vermächtnis hinterlassen zu haben scheinen.

Viel wurde in den letzten zwanzig Jahren über Glück geschrieben. Dass es oft die eigene Familie ist, die diesem Glück im Weg steht, wurde dabei meist ausgeklammert. Die Voraussetzungen des Glücks sind nur eine Seite der Medaille. Auf der anderen stehen die Faktoren, die es verhindern. Also lass uns über die toxische Familie reden!

Auch über Vergebung wurde viel veröffentlicht. Zweifellos ein wichtiges Thema! Doch wird es der Lebenswirklichkeit selten im notwendigen Maß gerecht. Im Gegenteil, Vergebung kann der Versuch sein, konkreten Auseinandersetzungen, auszuweichen, gerade auch denen mit schwierigen Familienmitgliedern.

Es reicht nicht, den inneren Weg zu gehen.

Niemand kommt auf Dauer darum herum, das Verhältnis zu den Nächsten zukünftig neu zu bestimmen und konsequent die dazu erforderlichen Schritte zu machen. Als Alternative bliebe nur, sich ein Leben lang von seiner toxischen Familie bestimmen zu lassen und das eigene mögliche Glück für immer preiszugeben.

Überleben und Aufblühen in einer toxischen Familie ist und bleibt ein aktuelles, brennendes Thema, solange Menschen ihren Nächsten das Leben zur Hölle machen, statt sie zu lieben.

Was ist eine toxische Familie?

Kennzeichen einer toxischen Familie

Ich habe nicht vor, die toxische Familie abschließend zu definieren. Definitionen haben es an sich, dass die erhoffte Abgrenzung ausbleibt. Es bleiben immer Grenzfälle übrig, über die man sich endlos streiten kann.

Was ich leisten möchte, ist vielmehr eine Umschreibung anhand von Kriterien. Je mehr dieser Kriterien zutreffen, desto sicherer handelt es sich um eine toxische Familie.

1. Als Erstes wäre das Vorherrschen negativer Gefühle zu nennen.
   In einer toxischen Familie fühlt sich niemand wohl. Selbst die Hauptverantwortlichen des giftigen Klimas leiden darunter. Das muss nicht immer bewusst geschehen. Manchmal entwickeln Menschen einfach nur chronische stressbedingte Krankheiten, ohne den Stress bewusst zu spüren.
   Doch in der Regel ist das Unwohlsein deutlich wahrnehmbar. Selbst vorübergehende Besucher bemerken es, wenn sie in die Atmosphäre einer toxischen Familie eintreten. Es herrscht ein Klima der Angst, der Depression oder der Wut.

2. In toxischen Familien sind Konflikte, Streit, Meinungsverschiedenheiten und Interessengegensätze die Regel und nicht die Ausnahme.
   Das unterscheidet sie von liebevollen Familien, in denen all das auch vorkommt, aber nur selten, kurz und leicht. Toxische Familien streiten heftig und andauernd. Jederzeit kann es zu Gefühlsausbrüchen kommen. Schon um Kleinigkeiten wird gestritten. Die Konflikte kommen nie zu einem Ende. Pausen entstehen, so scheint es, nur, um neue Kräfte für die nächsten Kampfrunden zu sammeln. Für Außenstehende wirken die Auseinandersetzungen oft anlasslos, was auch stimmt, da die negativen Gefühle lediglich ein Ventil suchen, um erneut zum Ausbruch zu kommen. Die Protagonisten sind die ganze Zeit geladen. Wen der Zorn trifft und aus welchem Grund, ist eigentlich bedeutungslos. Daher lassen sich derartige Streitigkeiten auch nicht beilegen. Sie sind von den Emotionen bestimmt und nicht von der Sache.
   Anders in depressiven Familien. Dort ist der Energiepegel chronisch auf niedrigem Niveau. Auffällig ist eine ungute Stille, ein lähmendes Schweigen.
   Auch ängstliche Familien weisen ein eher niedriges Energielevel auf. Ständige Besorgnis, endloses Misstrauen und Hinterfragen und negative Erwartungen herrschen hier vor. Niemand traut sich, keiner riskiert etwas, pures Sicherheitsstreben erstickt jede Vitalität.

3. Die Kommunikation ist gestört.
   Wut, Ängstlichkeit und Depression verhindern, dass offen über Probleme gesprochen werden kann. Aber auch

Gespräche über die schönen Dinge des Lebens sind selten. Manchmal fehlen sie ganz.
Die Mitglieder einer toxischen Familien versuchen, sich gegenseitig zu manipulieren. Wünsche und Bedürfnisse werden nicht offen kommuniziert. Stattdessen ist die Manipulation mit Angst und schlechtem Gewissen typisch. Einschüchterung, Entmutigung und Erpressung sind weitere Mittel dieser gestörten Kommunikation. Im Extremfall greifen einzelne Familienmitglieder zu körperlicher Gewalt, um ihre Ziele durchzusetzen.

4. Anzeichen von Herzlichkeit, Wohlwollen und Liebe sucht man in toxischen Familien vergeblich. Gerade der Mangel an Liebe ist es, der solche Familien kennzeichnet.
   Umarmungen, Zärtlichkeit, aber auch Lachen und Heiterkeit fehlen. Man geht sich aus dem Weg, blafft sich an oder sucht Streit.

5. Von außen kaum zu erkennen ist, was sich in den Familienmitgliedern abspielt. Ihre Gedanken kreisen um vergangene negative Zusammenstöße und die Planung der nächsten Auseinandersetzungen. Die Konflikte werden verinnerlicht und setzen sich ständig fort. Die Gedanken und Gefühle der Familienangehörigen sind vorwiegend negativ. Aus ihnen speisen sich die destruktiven Äußerungen auf der Kommunikations- und Verhaltensebene.

Damit ist die toxische Familie in den wesentlichen Punkten beschrieben. Sie funktioniert auf keiner Ebene gut. Sowohl das Denken als auch das Fühlen, Reden und Handeln sind negativ geprägt. Der Umgang miteinander ist gestört. Ich habe hier bewusst auf Kriterien wie Mord und Totschlag, sexuelle und körperliche Gewalt verzichtet. All das kann in toxischen Familien auch passieren, aber es ist nicht typisch. Mir geht es um die ganz »normale« toxische Familie. Sie ist viel häufiger anzutreffen, sogar so häufig, dass die geschilderten Kriterien nicht als ungewöhnlich, sondern als weit verbreitet, üblich oder alltäglich gelten. Viele kennen es gar nicht anders. Es entspricht der gesellschaftlichen Norm und geht über Familien weit hinaus. In Schulen und Betrieben herrscht oft dasselbe Klima.

Der große gemeinsame Nenner ist das Leiden. Wenn Kinder, nicht selten noch als Erwachsene, immer wieder und anhaltend unter ihren Eltern leiden oder umgekehrt die Eltern unter ihren Kindern; wenn Menschen unter ihren Geschwistern leiden; wenn die Eltern untereinander leiden; wenn Enkel unter ihren Großeltern, Nichten und Neffen unter ihren Onkeln und Tanten, Paare unter ihren Schwiegereltern chronisch leiden: dann sind die Verhältnisse toxisch.

In den besten Kreisen

Ich stamme selber aus einer toxischen Familie und habe mich früher dafür geschämt. Bis ich gemerkt habe, dass ich mich in guter Gesellschaft befinde und viele Menschen in so suboptimalen Familien groß geworden sind.

Abgesehen von Freunden, Bekannten und Klienten, in deren Familien ich einen Einblick bekommen habe, scheinen auch viele Reiche und Berühmte in toxischen Familien zu leben. Ein prominentes Beispiel ist Buddha, auch wenn die meisten seine Lehre und Biografie nicht unter diesem Aspekt sehen. Doch schauen wir uns seine Herkunft einmal genauer an: Buddha wurde als Sohn eines Königs geboren. Er erhielt die Ausbildung und Erziehung, die für eine Kriegerkaste üblich war. Was genau in Buddhas Kindheit und Jugend vorgefallen ist, wissen wir nicht. Aber man kann aus seinem weiteren Lebensweg einige interessante Schlüsse ziehen.

Tatsache ist, dass Buddhas Mutter kurz nach seiner Geburt starb. Er wurde von der zweiten Ehefrau des Königs angenommen, die etwa zur selben Zeit entbunden hatte wie ihre Schwester. Zwar heißt es, dass sie ihr eigenes Kind einer Amme anvertraute und sich vorrangig um ihr Stiefkind kümmerte, aber es gibt rund um Buddhas Leben eine Menge Legenden. Daher könnte es sein, dass es genau andersherum war, nämlich dass sie ihr Stiefkind weggab und ihre Aufmerksamkeit dem eigenen Kind schenkte. Dies wäre für eine Stiefmutter nicht untypisch. Sie erfüllte damit ihre Pflicht, mehr aber auch nicht.

Siddharthas Vater dürfte mit anderen Dingen beschäftigt gewesen sein, als sich seinem Sohn zuzuwenden. Für Reiche und Mächtige ist es auch heute noch üblich, dass sie die Erziehung ihrer Kinder in die Hände von Angestellten legen. Warum sollte dies damals anders gewesen sein? Der König hatte mit dem Regieren und Verwalten seines Reichs genug zu tun. Zudem war er oberster Richter seines Staates.

Wie es der Tradition entsprach, wurde Siddhartha bereits mit sechzehn Jahren verheiratet. Der Sache nach war es eine Zwangsheirat, weil die wenigsten in so jungen Jahren auf die Idee kommen, eine Ehe einzugehen.

Siddhartha wurde also in ein Leben gepresst, das offenbar nicht seinen eigenen Interessen entsprach; denn auch die soldatische Erziehung, die aus Bogenschießen, Schwertkampf, Ringen, Wagenlenken und Elefantenreiten bestand, gefiel ihm wenig. Zum Nachfolger seines Vaters aufgebaut zu werden, hatte für ihn keinen Reiz.

Seine Ehe blieb dreizehn Jahre kinderlos, was am Königshof auch niemandem gefallen haben dürfte. Die Dynastie muss fortgesetzt werden. Von den Thronfolgern werden so schnell wie möglich Enkel erwartet.

Siddhartha galt als grüblerisch und gelangweilt. Vielleicht würde man ihn heute sogar als depressiv bezeichnen. Jedenfalls richtete sich sein Streben mehr und mehr darauf, dem Königshof und damit dem goldenen Käfig zu entfliehen.

Es ist nicht ganz klar, ob sein Vater die Geburt eines Enkels zur Bedingung dafür gemacht hatte, dass sein Sohn fortzog. Sicher ist nur, dass Siddharthas Frau ein Kind bekam und er bald danach das Weite suchte. Über die genauen Umstände gibt es zwei Versionen: Die eine besagt, dass er sich des Nachts davonstahl; die andere, dass er sich noch in Gegenwart seiner Eltern das Haar schor, eine Mönchsrobe anlegte und sich dann auf den Weg in eine ungewisse Zukunft machte. Unterstützung bekam er von keiner Seite. Niemand hieß seine Pläne gut.

Fassen wir zusammen: Früher Tod der Mutter, Annahme durch seine Stiefmutter oder eine Amme, Zwangsheirat mit sechzehn, ohne Einwilligung zum Nachfolger seines Vaters bestimmt, gegen seine Interessen Drill als Soldat, Langeweile, Depressionen, Ängste und Groll.

Dass zu seiner Familie keine Bindung bestand, sieht man daran, dass er später nur ein einziges Mal zurückgekehrt ist. Sein Vater fühlte sich dadurch gedemütigt, dass sein Sohn zum mittellosen Wandermönch geworden war und jeder in seinem Reich dies nun mit eigenen Augen sehen konnte. Siddharthas Ehefrau überschüttete ihn mit Vorwürfen und versuchte, seinen Sohn gegen ihn aufzuhetzen, indem sie diesem sagte, er solle von seinem mittellosen Vater sein Erbe verlangen.

Nur Siddharthas Stiefmutter schloss sich ihm später an. Mit seinem Einverständnis – allerdings nach mehreren Absagen und trotz erheblicher Vorbehalte Buddhas – gründete sie einen Nonnenorden.

Salopp könnte man sagen, Siddhartha war von seiner Familie gründlich bedient. Er lebte lieber in einer selbstgewählten Gemeinschaft von Menschen, die andere Interessen hatten als nur Geld und Macht.

Traditionell wird Siddharthas Leiden, das ihn auf die Suche nach Befreiung brachte, allein vor dem Hintergrund existenzieller Probleme wie Alter, Krankheit und Tod gesehen. Doch ist es nicht viel näherliegender, drängt es sich nicht geradezu auf, dass Siddhartha sich zunächst einmal von seiner toxischen Familie befreite, unter der er 29 Jahre lang gelitten hatte? Damit war er zwar nicht alle seine Probleme los, aber immerhin hatte er auf diese Weise die Voraussetzungen für seine endgültige Heilung geschaffen.

Viele Interpreten der Buddha-Lehre verschließen entweder ganz die Augen vor seinem Lebensweg oder sie reden die Ereignisse schön, sodass der Eindruck entsteht, alle hätten sich am Ende liebgehabt und miteinander ausgesöhnt. Sie betrachten Buddhas familiäre Verhältnisse offenbar als Makel, obwohl diese doch gerade der Anlass waren, einen Weg aus dem Leiden zu suchen.

Buddha selbst hat sehr offen und schnörkellos über seine Herkunft gesprochen. Es besteht also kein Anlass, Legenden zu schaffen.

Ich denke, dass man viel aus Buddhas Lebensweg lernen kann. Dieser enthält mehr konkrete Hinweise auf die Befreiung vom Leiden als seine abstrakten Lehrreden. Zugleich ist er eine Absage an die Vorstellung, der Befreiungsweg sei allein ein innerer.

Das bedeutet nicht, dass man es genauso wie Buddha machen muss. Niemand muss ohne Geld und Familie durch die Welt ziehen, um glücklich zu werden. Buddha hat selbst gesagt, dass man die Ziele seiner Lehre erreichen kann, ohne Mönch oder Nonne zu werden. Man versteht ihn ohnehin besser, wenn man ihn als (Menschheits-)Lehrer sieht statt als Bettelmönch oder überirdischen Heiligen.

Halten wir fest: Toxische Familien kommen in den besten Kreisen vor. Auch wenn man in eine hineingeboren wird, kann man es im Leben weit bringen und höchstes Glück erfahren.

Wie toxisch ist deine Familie?

Du kennst jetzt die fünf Kennzeichen einer toxischen Familie. Hier noch einmal kurz zur Erinnerung:

1. Negative Gefühle herrschen vor. Die Atmosphäre ist düster, aggressiv, bedrohlich oder ähnlich unangenehm.
2. Konflikte, Streit und Meinungsverschiedenheiten kommen häufig vor. Sie dauern lange und sind heftig.
3. Die Kommunikation ist gestört. Entweder wird gestritten oder geschwiegen. Versuche, Probleme gemeinsam zu lösen oder Konflikte beizulegen, werden nicht unternommen oder scheitern regelmäßig.

4. Umarmungen, Zärtlichkeit, Lachen und Heiterkeit sind selten.
5. Es besteht eine starke Tendenz zu negativem, pessimistischem Denken.

Wenn du deine Familie daran auf einer Skala von null bis zehn misst, wie toxisch ist dann deine Familie? Null bedeutet, dass es keine Anzeichen für Toxizität gibt. Zehn heißt, dass es schlimmer nicht sein könnte.

Dies ist kein psychologischer Test, sondern einfach deine subjektive, momentane Einschätzung. Und du kannst damit auch einzelne Familienmitglieder einschätzen, zum Beispiel: Wie toxisch ist dein Vater? Wie toxisch ist deine Mutter? Wie toxisch sind deine Geschwister? Deine Kinder? Deine Großeltern? Deine Schwiegereltern? Die Familie deines Mannes/deiner Frau?

Auch Entwicklungen lassen sich damit beurteilen: Wie toxisch war deine Familie vor fünf Jahren, vor zehn Jahren? Wie toxisch ist sie heute? Ist es besser geworden oder schlechter? Hat sich nicht viel verändert?

Du selbst bist ein Teil deiner Familie. Wie steht es mit dir? Wie toxisch bist du?

Falls du vollkommen frei geblieben bist von den toxischen Einflüssen deiner Familie, kannst du dich beglückwünschen. Leider wird dies selten der Fall sein. Die Frage ist nicht, ob man negatives Denken, Fühlen, Handeln und Kommunizieren übernommen hat, sondern vielmehr, wie sehr.

Sei nicht so streng mit dir. Du konntest am wenigsten dafür. Schließlich hast du toxische Vorbilder gehabt, und es wäre ein Wunder, wenn du nichts von ihnen übernommen hättest. Verständnis für deine schwierige Situation ist daher wichtig. Und

Nachsicht: Es ist, wie es ist. Die Vergangenheit kannst du nicht mehr ändern. Entscheidend ist, wie es jetzt weitergeht. Darauf hast du großen Einfluss. Du kannst deine Entwicklung in die eigenen Hände nehmen. Dabei brauchst du aber Geduld. Du kannst nicht von heute auf morgen ändern, was sich in vielen Jahren aufgebaut hat. Im Laufe von Wochen, Monaten und Jahren kannst du dich allerdings von den toxischen Einflüssen deiner Familie so weit befreien, dass du mehr Glück, Freude, Entspannung und Liebe erfährt als je zuvor.

Deine Geschichte kannst du nicht ablegen. Sie wird immer ein Teil von dir bleiben. Aber sie wird nicht mehr dein Leben bestimmen. Dafür kannst du sorgen.

Oft glaubt man, dass niemand sonst in toxischen Familien lebt oder Teile seines Lebens in einer verbracht hat. Deshalb wäre es gut, wenn du – wieder auf einer Skala von null bis zehn – einschätzt, wie toxisch andere Familien sind. Unterhalte dich mit anderen über ihre Familien. Frag genau nach, soweit es angemessen ist. Denk nicht automatisch, dass bei anderen alles fantastisch läuft. Und vergleich dich nicht nur mit gesunden, glücklichen Familien. Du brauchst nur ein paar Wochen lang die Zeitungen lesen. Dann hast du eine Menge Beispiele für Familien zusammen, mit denen du bestimmt nicht tauschen möchtest.

Auf der anderen Seite wäre es verkehrt, sich zu sagen: Was soll's? Familien sind eben toxisch. Da lässt sich nichts machen.

Du kannst etwas machen!

Deine Zukunft muss nicht so aussehen wie deine Vergangenheit oder Gegenwart. Sie kann für dich von jetzt an Tag für Tag ein bisschen besser werden (Rückschläge selbstverständlich eingeschlossen!).

Was eine gesunde Familie ausmacht

Gesunde, glückliche Familien sind seltener als toxische, aber es gibt sie. Diese Tatsache ist ein Grund zur Freude; denn alles andere wäre deprimierend. Warum sie so selten sind, verstehen wir, wenn wir uns die Kriterien einer glücklichen Familie vor Augen führen. Dafür braucht man lediglich die Merkmale einer toxischen Familie ins Positive zu wenden:

1. In einer glücklichen Familie sind positive Gefühle häufiger als negative.
   Es wäre ein Irrtum, zu glauben, dass in einer gesunden Familie niemand jemals traurig, ängstlich, besorgt, neidisch, eifersüchtig oder wütend wäre. Mehr noch: Damit würde man glückliche Familien ins Land der Utopien verweisen. Negative Gefühle sind Teil der menschlichen Existenz. Sie werden erst zum Problem, wenn sie zum Dauerzustand werden.
   In einer glücklichen Familie haben alle gelernt, mit ihren Gefühlen umzugehen. Sie machen sich nicht ständig gegenseitig dafür verantwortlich, unglücklich zu sein. Diejenigen, die sich ärgern oder ängstigen, wissen, wie sie sich davon allein wieder befreien können.
   Deshalb ist die Grundstimmung in einer gesunden Familie positiv. Lachen, Spaß miteinander haben, jeden und jede auf ihre oder seine Weise glücklich werden lassen ist für alle Familienmitglieder eine Selbstverständlichkeit.
   Die positive Grundstimmung ist echt und nicht gekünstelt, wie dies in toxischen Familien häufig vorkommt, um bei anderen, vor allem Dritten, den Eindruck zu er-

wecken, es sei alles in Ordnung. Das Glück ist in einer glücklichen Familie keine Fassade.

2. Das Zusammenleben in einer gesunden Familie ist harmonisch.
   Konflikte werden beigelegt, Probleme gelöst, Streit geschlichtet. Keiner trägt dem anderen lange etwas nach. Unterschiedliche Meinungen werden toleriert. Es ist normal, dass Menschen nicht in allem übereinstimmen. Dies muss jedoch kein Anlass sein, sich zu streiten oder gar zu entzweien.
   Die Mitglieder einer glücklichen Familien wissen, dass die anderen es gut mit ihnen meinen. Deshalb empfinden sie Meinungsverschiedenheiten nicht als persönliche Angriffe. Es geht um die Sache. Da kann man durchaus mal unterschiedlicher Ansicht sein. Mit gutem Willen lassen sich jedoch immer Lösungen finden, die alle Beteiligten zufriedenstellen.
   Dass manchmal Kompromisse geschlossen werden müssen, beeinträchtigt die Harmonie nicht. Es ist einfach der Preis für das Zusammenleben und wird durch die vielen positiven Interaktionen mehr als aufgewogen.
   In diesem Zusammenhang ist erwähnenswert, was der amerikanische Psychologe John Gottman über funktionierende Paarbeziehungen herausgefunden hat. In glücklichen Beziehungen überwiegen die positiven Gefühle und Aktionen die negativen bei weitem, laut Gottman in einem Verhältnis von mindestens 5:1. Das ist insofern interessant, dass manche glauben, es genüge, einen negativen Vorfall mit einem positiven auszugleichen. Das

reicht aber nicht. Vereinfacht könnte man sagen, dass ein glückliches Paar eine Menge Spaß miteinander hat, ein unglückliches dagegen wenig.
Dasselbe gilt für Familien. Im Prinzip bedeutet dies, dass jeder mit jedem viel mehr positive Interaktionen haben muss als negative. Das stellt eine Familie vor ziemliche Herausforderungen. Je mehr Mitglieder mit anderen in unglücklichen Beziehungen leben, desto eher kippt das Klima in einer Familie ins Toxische. Umgekehrt heißt dies, dass eine Familie umso gesünder und glücklicher ist, je mehr ihrer Angehörigen miteinander gut auskommen.

3. Die Kommunikation in einer gesunden Familie ist offen und empathisch.
   Jeder kann Wünsche und Kritik äußern und wird damit gehört. Die anderen sind bereit, darüber zu reden. Sie lassen sich auf die Ideen und Gefühle, die jemand hat, ein. Das setzt schon einmal voraus, dass sich die Familie Zeit füreinander nimmt. Fehlt es bereits daran, besteht die Gefahr, dass Missverständnisse entstehen und nicht ausgeräumt werden können. Schichten sich solche unaufgelösten Konflikte aufeinander, kann die Beziehung daran zerbrechen.
   Bei mangelndem Verständnis und fehlender Zeit versuchen Einzelne leicht, den anderen kurz vorschreiben zu wollen, was diese zu tun haben. Auch das ist ein Beziehungskiller.
   In einer glücklichen Familie wird viel und gerne miteinander gesprochen. Dass Menschen sich ihre Wünsche von den Lippen ablesen können, ist ein Mythos. Auch dass jeder von selbst weiß, was der andere braucht, trifft

nicht zu. Dafür ist Menschen die Sprache gegeben. Wir können einander mitteilen, was in uns vorgeht, was wir möchten und was nicht.

Was die nonverbale Kommunikation angeht, so zeigt eine glückliche Familie auch in ihrer Körpersprache, dass sie einander zugewandt ist. Freundlicher Blickkontakt, ein Lächeln, eine entspannte Körperhaltung signalisieren, dass man sich miteinander wohlfühlt.

4. Anzeichen von schlechter Laune, Groll und Aggression sind in einer glücklichen Familie selten. Auch Ängste und Sorgen bestimmen nicht die Atmosphäre.
   Alle Probleme, die von außen kommen, werden in einer gesunden Familie aufgefangen und abgemildert. In gewisser Weise ist das die Idee einer Familie: sich zu helfen und zu unterstützen, sich zu fördern und weiterzubringen. Es geht nicht wie bei einer toxischen Familie darum, sich das Leben schwer zu machen.

5. Eine gesunde Familie macht sich glückliche Gedanken. Diese sind auf Wohlwollen und Toleranz gerichtet.
   »Intoleranz ist vermutlich nicht die Basis zur Gründung einer Gemeinschaft«, hatte ein Klassenkamerad von mir in die Holzplatte seines Schülertisches gekritzelt. Das »vermutlich« hätte er weglassen können. Ansonsten aber eine reife Äußerung für einen Fünfzehnjährigen! Denn damit hatte er nicht nur für Schulen eine profunde Weisheit ausgesprochen, sondern auch für Familien.
   Ein liebevoller Umgang schließt Toleranz mit ein. Man möchte, dass alle glücklich werden, auf ihre eigene Wei-

se. Es muss einem nicht alles gefallen, was die anderen denken, empfinden, sagen und tun. Vieles geht mich im Grunde genommen nichts an. Welche Musik mein Bruder hört? Mir egal, solange er nicht die ganze Wohnung damit beschallt. Wie er sich kleidet? Seine Sache!
Viel zu oft wird in Familien über Dinge gestritten, die das Zusammenleben überhaupt nicht tangieren. Sich gegenseitig unnötig Vorschriften zu machen, hat in einer glücklichen Familie keinen Platz. Die Einstellung ist wohlwollend und tolerant.

Da die toxische Familie bei uns als relativ normal gilt, ist es besonders wichtig, eine klare Vorstellung davon zu haben, was eine gesunde Familie ausmacht. Mit diesem positiven Bild im Kopf erkennt man noch besser, was eine toxische Familie davon unterscheidet, aber auch, was in Zukunft für einen selbst möglich ist. Es lohnt sich wirklich, etwas dafür zu tun und sich von den alten Mustern zu lösen.

Meine toxische Familie

Eine glückliche Kindheit

Als Leser frage ich mich oft, welches Verhältnis ein Autor zu seinem Thema hat. Besonders bei Sachbüchern stellt sich mir diese Frage. Leider geben nur wenige Autoren oder Autorinnen darüber Auskunft.

Zum Beispiel beim Thema Angst: Wie geht der Autor selbst mit seinen Ängsten um? War es für ihn ein schwieriger Prozess, mit seinen unangenehmen Gefühlen zurechtzukommen? Hat er es wirklich gelernt? Oder gibt er anderen Ratschläge, die er selbst nicht berücksichtigt? (Dabei fällt mir ein, was mir der Inhaber eines Ladens für Haushaltswaren antwortete, als ich ihn fragte, wie man eine bestimmte Pfanne am besten reinigt. Er meinte: »Ich sage meinen Kunden immer: Machen Sie es anders als ich. Weichen Sie die Pfanne nach dem Braten sofort ein!«)

Oder das Thema Selbstvertrauen: Hatte die Autorin damit selbst Probleme? Oder hat sie das Thema lediglich studiert? Forscht sie dazu nur oder wendet sie ihre Erkenntnisse auf sich selbst an? Wenn ja, wie? Solche Fragen bleiben gerade bei Autoren aus dem Wissenschaftsbereich regelmäßig offen.

Deshalb möchte ich dir zu Beginn des Buchs etwas über die toxische Familie sagen, in der ich aufgewachsen bin.

Meine Motivation, dieses Buch zu schreiben, ist es, einen Weg zu beschreiben, wie man diese Zeit bewältigt. Wie kann man sich von einer solchen Familie innerlich und äußerlich befreien? Dieses Programm hat den Praxistest bestanden. Du wirst feststellen, dass es sich um Lösungen handelt, die plausibel und nachvollziehbar sind. Ob sie auch dir helfen, musst du selbst testen.

Ich hatte das Glück, jemanden zu treffen, der mir in nur einer Stunde erklärte, was ich tun muss, um mir selbst zu helfen. Dafür bin ich sehr dankbar. Ich hoffe, dass dieses Buch für dich das Gleiche bedeutet wie für mich damals dieses Gespräch.

Diese Erfahrung hat mich geprägt. Ich weiß, dass Hilfe schnell möglich ist. Der Weg selbst dauert allerdings länger. Ich bin ein überzeugter Anhänger der Selbsthilfe geworden, vorausgesetzt, sie basiert auf einer brauchbaren Anleitung. Es ist wie mit Gebrauchsanleitungen für Küchengeräte. Sie können sehr nützlich sein. Voraussetzung ist allerdings, dass man sie liest, dass sie verständlich sind und man sie Schritt für Schritt anwendet. Alle drei Bedingungen sind nur selten gegeben. Dies spricht aber nicht gegen Gebrauchsanleitungen an sich.

Manche Menschen meinen, dass Betroffene keine Ratschläge erteilen sollten. Das sehe ich anders. Ich halte es mit dem amerikanischen Coach Steve Chandler, der auf die Frage, was ihn zum Coach qualifiziere, antwortete: »Alkoholismus, Scheidung, drei Kinder allein erzogen und finanzielle Pleiten.« Wer das alles erfolgreich bewältigt hat, weiß aus meiner Sicht mehr über die wahren Probleme des Lebens als die meisten Theoretiker.

So, jetzt kennst du meine Meinung zu diesem Thema. Und nun zu meiner toxischen Familie: Ich hatte eine glückliche Kindheit. Hoppla, ist das nicht ein Widerspruch? Den Verstand reizt es, Widersprüche zu konstruieren. Aber die Realität ist komplexer, als dem Verstand lieb ist. In der Wirklichkeit passt vieles zusammen, was die Logik ausschließen will. Entweder oder – schwarz oder weiß: So einfach ist es nicht.

Kindheit ist für mich die Zeit bis zum zwölften Lebensjahr. Danach ist man Teenager (entsprechend englisch thirteen, fourteen bis nineteen). Die Jahre meiner Kindheit waren für mich heiter und unbeschwert, nicht vollkommen, aber überwiegend. Ich bekam viele Freiheiten. Die Grundschule fiel mir leicht. Die Welt war bunt und magisch. Jeder Tag brachte neue Abenteuer. Mit meinem Roller entdeckte ich nach und nach die Straßen der Umgebung.

Ja, es gab bereits in dieser Zeit ein paar dunkle Flecken, aber die empfand ich als nicht so gravierend. Mein Vater starb, als ich fünf war. Für mich war er ein Fremder geblieben. Er fehlte mir nicht. Vaterlos aufzuwachsen, ist das nicht furchtbar? Das kommt auf den Vater an, liebe Leute. Mein Vater war konservativ, fast noch dem neunzehnten Jahrhundert verhaftet und bei meiner Geburt bereits fünfzig Jahre alt. Ich bin kein großer Freund alter Eltern. Sie können mit ihren Kindern nicht auf dem Rasen rollen, nicht rennen und sich nicht mehr gut in sie hineinversetzen. Aus meiner Sicht ist es besser, wenn die Eltern selber noch halbe Kinder sind.

Durch den frühen Tod meines Vaters blieb mir einiges erspart. Meine Eltern hatten einen Ehekrieg geführt. Mein Vater hatte ihn verloren. Er hielt den Stress schlechter aus als meine Mutter, erkrankte und starb an einer seiner Krankheiten. Bestimmt habe ich die ungute Atmosphäre gespürt, aber in meinem Kinderbett war ich außerhalb der unmittelbaren Kriegszone in einer relativ komfortablen Position.

Am Horizont tauchten weitere Schatten auf. Meine Mutter hatte sieben Brüder und eine Schwester. Die meisten ihrer Brüder waren Alkoholiker. Da ich an den sogenannten Familienfesten als kleines Kind kaum teilnahm, sondern meine Abende schlafend im Bett verbrachte, bekam ich wenig von den heftigen Streitigkeiten mit, die sich bei uns im Wohnzimmer abspielten und die damit endeten, dass der eine oder andere Onkel vorzeitig und stark angetrunken gehen musste.

Ich hörte erst am nächsten Tag, was sich abgespielt hatte, beobachtete das Ganze aus sicherem Abstand und wartete ab. Mir kann heute niemand etwas von »fröhlichen Zechern« erzählen oder anderen beschönigenden Umschreibungen von Alkoholismus. Ich habe meine Onkel verfallen sehen und kenne die Wahrheit. Trotzdem habe ich nichts gegen Wein, Bier oder andere alkoholische Getränke. Das Problem ist nicht der Alkohol, sondern wie man damit umgeht.

Als Kind trank ich gerne einen Fingerhut voll »Eiermakör«, wie ich den Eierlikör nannte, weil ich das Wort noch nicht richtig verstanden hatte.

Meine Welt war eine andere als die meiner problembeladenen Verwandtschaft. Ich spielte mit meinen Klassenkameraden und den Kindern aus der Nachbarschaft, lernte gerne, was die Schule an Rechnen, Lesen und Schreiben zu bieten hatte, und war vom Frühjahr bis in den Herbst hinein täglich mit meinem geliebten Roller unterwegs.

Besonders das Lesen erschloss mir eine Welt voller Wunder. Ich weiß noch genau, wie ich plötzlich mitten in der Stadt merkte, dass ich alle Buchstaben und Wörter, die in der Umgebung zu sehen waren, entschlüsseln konnte. Ein magischer Moment! Außerdem hatte ich das Glück, dass unsere Klassenlehrerin schon früh mit uns in die Kinderbücherei ging und jeder einen kostenlosen Leseausweis bekam. Meiner hatte die Nummer 364.

Die Kinder- und Jugendbücher waren eine wunderbare Ergänzung zu den Comicheften, die ich so liebte und die Woche für Woche druckfrisch für wenige Groschen zu erstehen waren. Mir war daher nie langweilig. Anders als andere Eltern kontrollierte meine Mutter nicht, was ich las. Ich musste also nicht nur »pädagogisch Wertvolles« lesen. Solche Kinder, die der elterlichen Zensur unterstanden, taten mir leid.

Ich könnte vieles aufzählen, was mich als Kind beglückte: das herrliche Spielzeug, die bunten Brett- und Kartenspiele, das köstliche Essen und Trinken (meine Mutter konnte großartig kochen und backen), die spannenden und lustigen Fernsehserien, die Spielfilme, die ich nachmittags in einem kleinen Kino bei uns um die Ecke sehen durfte, die Badeanstalt an einem See mitten in der Großstadt, die zahlreichen Spielplätze und die vielen Baustellen, die relativ ungesichert wunderbare Spielmöglichkeiten boten, und vieles, vieles mehr.

Meine Tante, die einzige Schwester meiner Mutter, wohnte zudem in einer Kleinstadt an der schleswig-holsteinischen Seenplatte. Dort waren wir fast immer in den Sommerferien zu Besuch. Anders als meine Mutter war meine Tante eine ganz liebe Person und ihre Kleinstadt für mich das reinste Paradies.

Das Paradies bekommt Risse

Ich habe bereits von dem Psychologen John Gottman berichtet, der ein wichtiges Prinzip entdeckt hat. Er formulierte es für

Paarbeziehungen, doch es ist darüber hinaus von Bedeutung. Bei glücklichen Paaren überwiegen die schönen Momente die weniger schönen bei weitem, nämlich im Verhältnis von mindestens 5:1. Für andere Beziehungen gilt in ähnlicher Weise, dass die guten Zeiten die schlechten deutlich übertreffen müssen, damit die Verbindung unter dem Strich als angenehm empfunden wird.

Ebenso wird sich ein Mensch glücklich fühlen, wenn seine Erfahrungen in der Summe positiv sind.

Es ist nicht erforderlich, dass alles immer gut ist. Aber der Anteil der unangenehmen Erlebnisse darf nicht zu hoch werden. Sonst kippt das Ganze ins Negative.

Für mich bedeutete das Ende der Kindheit einen großen Einschnitt. Sicherlich ist der Übergang ins Erwachsenenalter für jeden mit einer Reihe von Anpassungsschwierigkeiten verbunden. Aber das war nicht mein größtes Problem. Dieses bestand vielmehr darin, dass die negativen Erfahrungen in meiner Familie in dieser Zeit immer mehr zunahmen und zugleich die positiven Erlebnisse geringer wurden.

Besonders der Auszug meiner Schwester veränderte das Binnenklima in meiner Familie sehr negativ. Es hatte sich in den Jahren zuvor schon verschlechtert. Aber nunmehr eskalierte die Situation. Das Verhältnis zwischen meiner Schwester und meiner Mutter war, vorsichtig formuliert, äußerst angespannt.

Meine Mutter kam überhaupt nicht damit zurecht, dass wir erwachsen wurden. Zum einen berührte es traumatische Erinnerungen in ihr, nämlich alleingelassen zu werden. Sie hatte ihr Elternhaus sehr früh verlassen müssen, um in einer fremden Familie als Haustochter zu leben. Das bedeutete, eine Art Dienstmädchen bei einem kinderlosen, gutbürgerlichen Ehepaar zu sein, ein damals häufiges Arrangement für junge Mädchen aus wenig begüterten, kinderreichen Familien. Auch während des Kriegs hatte meine Mutter immer wieder traumatische Verlassenheitserfahrungen durchgemacht.

Hinzu kam, dass ihre Rolle als Mutter sich langsam dem Ende näherte und sie keine Zukunftsperspektive für sich sah.

Die Familien meiner alkoholsüchtigen Onkel waren mittlerweile zerrüttet. Was wir davon hörten und sahen, vergiftete auch die Stimmung bei uns weiter. Ich konnte beobachten, wie die Familie in Zeitlupe zerfiel. Es wurde düsterer und einsamer.

Während es mir früher gelungen war, mir Freiräume zu schaffen und die negativen Erlebnisse auszugleichen, wurde das jetzt immer schwieriger.

Die Oberschule erzeugte einen ganz anderen Leistungsdruck als die Grundschule. Der Stundenplan war von Jahr zu Jahr gewachsen. Die Hausaufgaben kosteten viel mehr Zeit. Ein großer Teil der Lehrkräfte war autoritär. So herrschte auch in der Schule ein toxisches Klima, dem sich ein Teil meiner Mitschülerinnen und Mitschüler durch Drogen zu entziehen versuchte. Rauschgifte verbreiteten sich unter den Jüngeren enorm. Alkohol war out, Haschisch in. Letzteres galt als bewusstseinserweiternd, was die Naivität meiner Generation widerspiegelt.

Selbst das Ferienparadies, in dem meine Tante zuhause war, erlebte einen Niedergang. Die Leute machten jetzt lieber Urlaub in Italien, Österreich oder Spanien. Die herrliche Badeanstalt verfiel, der Bademeister brachte sich um. Dramatischer ging es kaum. Oder doch?

Die 1960er Jahre waren anfangs durch einen großen Optimismus gekennzeichnet (Beatles, »We can work it out«, »All you need is love«). Das änderte sich. Die Musik wurde lauter, zerrissener und fragmentarischer. So ist zum Beispiel vieles von Jimi

Hendrix ebenso genial wie schwer erträglich. Die Studentenproteste wurden durch terroristische Anschläge abgelöst.

In meiner Kindheit hatten die Nachbarn miteinander gesprochen und sich gegenseitig besucht. Das hörte auf. Alles, was die Probleme in meiner Familie wenigstens teilweise abfedern oder auffangen konnte, verschwand zunehmend.

Meine Mutter besaß das besondere Talent, sich praktisch mit jedem zu zerstreiten. Das gelang ihr nun immer besser.

Alles um mich herum begann sich irgendwie aufzulösen.

Grundkurs im Überleben und Aufblühen

Die Schule war vorbei. Ich dachte, ich könnte wenigstens, was das anging, aufatmen. Das Studium an einer Universität hatte ich mir so vorgestellt, dass dort interessierte Lernende frei über alles Mögliche diskutieren würden. Ich war wirklich naiv! Irgendwie war mir das auch bewusst. Deshalb hatte ich mich für ein Jurastudium entschieden. Meine Schule war so weltfremd und idealistisch gewesen. Die Lehrkräfte wichen allen schwierigen Fragen aus. Molière, Shakespeare, Goethe, Napoleon und Geometrie: Das waren so ungefähr die Themen. Möglichst abstrakt oder weit in der Vergangenheit. Die Gegenwart und Politik waren viel zu heiße Eisen.

Mit Jura dachte ich, ein wenig Licht ins Dunkel zu bringen. Was ist Recht, was Unrecht? Was ist Gerechtigkeit? Darüber streiten sich doch Juristen, oder etwa nicht? Definitiv nicht. Es geht einfach nur darum, was die obersten Gerichte entscheiden. Das hatte man zu lernen. Das wurde geprüft. Alles andere war Privatvergnügen. Ich war maßlos enttäuscht.

Aber das war nicht einmal das Schlimmste. Das Massenstudium mit seiner Vereinzelung machte mir noch mehr zu schaffen. Ein paar hundert Studierende dicht gedrängt in einem Hörsaal und praktisch niemand, den man kannte. Damit musste ich erst einmal fertigwerden.

Zum Glück hat man seine Eltern, seine Geschwister und die ganze Familie, die einen unterstützt und einem durch solche Phasen hindurchhilft. Beziehungsweise nein, wir reden ja über die toxische Familie, die einem noch den letzten Nerv raubt!

Da meine Mutter das jüngste Kind in ihrer Familie gewesen war und ihre Geschwister zum Teil wesentlich älter waren als sie, begannen nun die ersten zu sterben. Ich weiß gar nicht, warum manche Menschen so scharf darauf sind, in einer großen Familie zu leben. Da wird nicht nur gefeiert und gestritten, sondern auch gestorben. Ich traute mich kaum noch, den Briefkasten zu öffnen, aus Angst, dass schon wieder ein schwarz umrandeter Brief mit einer Traueranzeige darin lag.

Todesfälle sind an sich schon traurig, aber bei meiner Mutter kam hinzu, dass sie mit Tod überhaupt nicht umgehen konnte. Sie litt wochen- und monatelang darunter. Als Witwe hatte sie tatsächlich, damals noch nicht ganz unüblich, eine Zeit lang Schwarz getragen. (Schwarz wurde erst später chic und eine Modefarbe für Designerinnen und Künstler.) Sie weinte von morgens bis abends. Selbst wenn jemand einfach nur abreiste, war sie untröstlich.

Ehrlich gesagt, das nervt. Ich begriff so schon früh, dass der Ausdruck von Gefühlen kein geeignetes Mittel ist, mit diesen zurechtzukommen. Es ändert nichts, es wird nichts besser.

Überhaupt hat die toxische Familie neben den zahlreichen Nachteilen einen großen Vorteil: Du kannst in ihr lernen, wie es nicht geht, und du brauchst die Fehler später nicht selbst zu wiederholen. Hier eine kleine Auswahl sinnloser Gewohnheiten: Streiten bringt nichts, genauso wenig Schreien, Toben und Schimpfen. Und es bringt auch nichts, Tatsachen nicht wahrhaben zu wollen, sie nicht zu akzeptieren, Beziehungen zu freundlichen Menschen zu ruinieren, Alkohol, Drogen, Pillen: alles für die Mülltonne. Bitte nicht nachmachen, nicht wiederholen, einfach nur lassen und etwas Besseres tun!

Wenn man weiß, was nicht funktioniert, hat man aber leider oft noch keine Ahnung davon, was besser wäre. Ich jedenfalls saß in der Tinte. Mein Grundkurs im Überleben und Aufblühen in einer toxischen Familie begann erst in dem Moment, in dem ich einen Termin bei der psychologischen Studentenberatung buchte. Ich wusste nicht, wie ich noch jahrelang weiter studieren, die knallharten Leistungsanforderungen erfüllen und gleichzeitig auch noch zu Hause zurechtkommen sollte.

Ich erinnere mich, dass das Erste, was ich dem Psychologen sagte, war: »Wenn meine Familie nicht wäre, ginge es mir gut.« Erst danach beklagte ich mich über die Situation an der Uni. Was er mir darauf antwortete, davon handelt der Rest des Buches, zumindest zu einem Teil.

Nicht alles habe ich allein von diesem Psychologen gelernt. Ich habe mit der Zeit immer besser verstanden, was hilft und was nicht. Außerdem dauerte es Wochen und Monate, die Ratschläge umzusetzen. Aber ich hatte nun die Mittel, meine Situation nicht nur zu überstehen, sondern immer mehr so zu leben, wie ich es mir vorstellte, unabhängig davon, was in meiner toxischen Familie und im Rest der Welt passierte.

Um es mit den Worten dieses Uni-Psychologen, den ich nur zwei- oder dreimal traf, zu sagen: »Wir können nicht den ganzen Fachbereich Jura ändern – wir wissen, dass es da Probleme gibt –, und wir können deine Familie nicht verändern, aber ich werde dir beibringen, wie du deine Situation zum Besseren wenden kannst. Das kann niemand anderes für dich tun. Das musst du allein schaffen. Aber du hast alles, was du dafür brauchst.«

Die wichtigste Beziehung ist die, die du zu dir selbst hast

Dir selbst Freund sein

Dies ist vielleicht das wichtigste Kapitel in diesem Buch. Es handelt davon, dass du drei wichtige Entscheidungen treffen musst, bevor du anfangen kannst, dich von deiner toxischen Familie innerlich und äußerlich zu befreien.

Die drei Fragen lauten:

1. Willst du dir selbst der beste Freund sein?
2. Willst du dein Leben in Zukunft selbst in die Hand nehmen?
3. Oder willst du deine Familie weiter über dich bestimmen lassen?

Nur wenn du die ersten beiden Fragen bejahst und die dritte verneinst, werden die folgenden zehn Schritte, die dich von deiner toxischen Familie innerlich und äußerlich befreien können, funktionieren.

Zur ersten Frage: Willst du dir selbst der beste Freund sein?

Bei dieser Frage geht es darum, ob du der Mensch sein willst, an den du dich zuerst wendest, wenn du Hilfe brauchst.

Selbstverständlich kannst du andere um Rat fragen oder weiter Bücher wie dieses lesen, um Antworten zu finden. Aber letztlich musst du zum Experten oder zur Expertin für dein eigenes Leben werden. Nur du kennst deine Bedürfnisse. Wenn nicht, kannst nur du sie herausfinden.

Bedürfnisse sind etwas, was du in dir spüren kannst. Dein Körper, dein Bauch, dein Herz weiß, was du wirklich brauchst. Wenn sich etwas tief in dir drinnen gut anfühlt, kannst du dem vertrauen und folgen. Wenn du andererseits ein starkes, inneres Unbehagen spürst, eine leise, innere Stimme dich warnt, dann solltest du dir lieber zweimal überlegen, ob der nächste Schritt wirklich der richtige ist.

Niemand sonst ist mit deiner Seele so in Kontakt, wie du es sein kannst. Leider verlieren viele von uns diese Verbindung zum inneren Freund. Wir lernen, auf andere mehr zu hören als auf uns selbst. Wir glauben, unsere Familie oder die Experten müssten es besser wissen als wir. Doch das stimmt nicht. Mag sein, dass es einige gut mit uns meinen. Das bedeutet aber nicht automatisch, dass ihr Rat richtig ist.

Du bist die einzige Person, die von der Geburt bis zu deinem Tod mit dir zusammen ist, in jedem Augenblick, ohne Unterbrechung.

Andere begleiten dich ein Stück deines Lebens. Das kann für ein paar flüchtige Momente sein oder für fast ein ganzes Leben, aber eben nur fast. Selbst diejenigen, die wir als unsere Lebensgefährten ansehen dürfen, sind nie immer für uns da. Sie können es nicht sein. Es gibt viele Zeiten, in denen man allein ist, oder vielmehr, in denen man nur mit sich selbst zusammen ist.

Aber was heißt nur? Wenn du dir selbst die beste Freundin bist, bist du nie allein. Du kannst immer dich fragen. Du kannst dich jederzeit unterstützen, mit Rat und Tat. Du kannst Spaß haben und glücklich sein, auch wenn sonst niemand da ist.

Es ist sehr schade, dass so viele Menschen zu ihrem eigenen Feind geworden sind. Ich erinnere mich an einen Song, in dem es heißt: »Niemand verletzt dich mehr als du selbst« (Graham Parker, *Nobody Hurts You*). Erst wenn du dich selbst verlässt, bist du wirklich verlassen.

Die erste Frage lautet daher: Willst du dir selbst die beste Freundin sein, nicht: Bist du dir selbst die beste Freundin? Denn falls du es derzeit nicht bist, kannst du es dennoch werden. Freundschaften brauchen Zeit, um sich zu entwickeln. Das gilt auch für die Freundschaft zu dir selbst. Du kannst mehr und mehr lernen, auf dich selbst, auf dein Innerstes zu hören, deine Bedürfnisse zu erkennen und sie zu erfüllen. Indem du das tust, wirst du gerne mit dir zusammen sein und deine Gegenwart genießen.

So wird die Freundschaft zu dir selbst zur größten Hilfe im Umgang mit deiner toxischen Familie.

Sobald du kein Kind mehr bist

Die zweite Frage ist, ob du dein Leben in Zukunft selbst in die Hand nehmen willst.

Der Gedanke daran kann mit gemischten Gefühlen verbunden sein. Einerseits lockt die Freiheit, das Versprechen einer giftfreieren Umgebung. Andererseits kann die Vorstellung von Unabhängigkeit beängstigend sein. Für sich selbst verantwortlich zu sein, bedeutet, seine Entscheidungen selbst zu fällen. Damit entfällt die Möglichkeit, andere anzuklagen und zu beschuldigen, falls man sich einmal falsch entschieden hat. Es ist bequemer, zu sagen: »Meine Eltern lassen mich nicht.« Oder: »Ich wollte es ja anders, aber ich durfte nicht.«

Man kann sich daran gewöhnen, andere entscheiden zu lassen, was man tun soll. Irgendwann weiß man gar nicht mehr, was man selbst eigentlich möchte. Wenn man die Eltern nicht mehr fragen kann bzw. diese einem nicht mehr vorschreiben, wo es langgeht, fühlt man sich erst einmal unsicher. Man sucht dann gerne den Rat von Experten und Autoritäten, die quasi an die Stelle der Eltern treten.

Es ist gar nicht so einfach, erwachsen zu sein! Deshalb schieben viele Menschen diesen Moment möglichst lange hinaus. Einige werden nie wirklich erwachsen, lieber lassen sie sich ein Leben lang von anderen sagen, wie sie leben sollen.

Wenn du in einer toxischen Familie lebst bzw. in einer solchen groß geworden bist, ist das Erwachsenwerden die Voraussetzung dafür, die alten, schädlichen Einflüsse loszuwerden. Zwar ist das Erreichen der Volljährigkeit ein entscheidender Schritt auf dem Weg in die Selbständigkeit, aber noch viel wichtiger ist es, als Erwachsener seine Lernprozesse selbst bestimmen zu können.

Als Kind hat man kaum eine andere Möglichkeit, als sich an seine Umgebung anzupassen, selbst wenn diese toxisch ist. Die Eltern sind erziehungsberechtigt. Die Schule bestimmt, was gelernt werden muss.

Sich selbst erziehen zu dürfen, ist ein unschätzbarer Vorteil; denn es bedeutet, die eigene Entwicklung von nun an allein zu regeln. Sobald man erwachsen ist, darf man selbst entscheiden,

wann man morgens aufsteht (morgens?),
wann man abends zu Bett geht (abends?),
was und wie viel man isst und trinkt,

wie man sich kleidet,
wo man wohnt,
wen man trifft,
mit wem man lebt,
was man lernt,
was man denkt,
was man liest,
was man sagt,
welchen Beruf man wählt,
wie man Geld verdient und
womit man seine Zeit verbringt.

Selbständigkeit ist ein Prozess, der immer weitergeht. Das Lernen endet nicht, wenn man die Schule verlässt. Im Grunde beginnt es dann erst richtig. Wie weit ist einem das, was man in der Familie und in der Schule gelernt hat, von Nutzen? Bestimmt möchte man die toxischen Denk- und Verhaltensmuster seiner Familie nicht fortsetzen. Neue Lernprozesse sind erforderlich, um negative Gewohnheiten im Denken, Fühlen, Sprechen und Handeln zu beenden und stattdessen positive aufzubauen. Das braucht Zeit und Bewusstheit.

Sonst bleibt alles, wie es ist. Deshalb die Frage:

Willst du dein Leben in Zukunft selbst in die Hand nehmen?

Wann sind wir endlich erwachsen und können machen, was wir wollen?

Wer sich innerlich und äußerlich von seiner toxischen Familie befreien will, kann den Eltern, den Geschwistern oder wem auch immer nicht länger gestatten, ihm vorzuschreiben, was er zu tun hat. Man könnte glauben, jeder Erwachsene würde von seinem Recht auf Freiheit Gebrauch machen. Doch das ist keineswegs selbstverständlich. Deshalb lautet die dritte Frage: Willst du deine Familie weiter über dich bestimmen lassen, wenn du erwachsen bist?

Ich habe im Laufe meines Lebens viele Menschen kennengelernt, die sich dem Willen ihrer Eltern, Geschwister, Großeltern und anderer Verwandter weiter gebeugt haben. Sie lassen sich sagen, wann sie ihre Eltern zu besuchen haben. Sie fügen sich dem Druck, welchen Beruf sie ergreifen, wen sie heiraten und was sie mit ihrem eigenen Geld tun wollen. Die Einflussnahme geht über Ratschläge weit hinaus. Die toxische Familie droht mit Enterbung, mit Kontaktabbruch oder mit Liebesentzug. Wer sich dagegen nicht wehren kann, ist geliefert.

Eltern fällt es oft schwer, zu begreifen, dass ihre Kinder inzwischen erwachsen sind. Sie sind es gewöhnt, wichtige Entscheidungen für sie zu treffen, und machen einfach damit weiter, egal wie alt ihre Kinder inzwischen sind. Das ist unangemessen und befähigt ihren Nachwuchs nicht, selbständig zu werden.

Die wichtigste Aufgabe von Eltern ist es, dafür zu sorgen, dass ihre Kinder auf eigenen Beinen stehen können und in allen Fragen des Lebens ihre Entscheidungen für sich selbst treffen. Manche Eltern fühlen sich geschmeichelt, wenn ihre Kinder weiter ihren Rat suchen. Sie lieben es, ihren »süßen Kleinen«, die ihnen zwar längst über den Kopf gewachsen sind, aber immer noch so tun, als seien sie zweieinhalb, zu sagen, was sie tun und lassen sollen. »Mutti« oder »Vati« weiß es eben immer noch am besten!

Auch Geschwister können sich häufig nicht daran gewöhnen, dass ihre kleinen Brüder und Schwestern sich nicht länger von ihnen herumkommandieren lassen wollen. Sie behalten ihren Status als Besserwisser gerne bei, was der Beziehung nicht gerade dient.

Zu diesem Spiel gehören jedoch immer zwei. Eltern, die weiter das Sagen beanspruchen, und Kinder, die sich nicht trauen, ihr eigenes Leben zu leben. Geschwister, die überlegen tun, und Geschwister, die sich das gefallen lassen. Jede und jeder kann damit aufhören. Eltern könnten sagen: »Frag mich nicht mehr. Das musst du jetzt selbst wissen. Du bist erwachsen.« Die volljährigen Kinder könnten ihren Eltern sagen: »Übrigens bin ich inzwischen achtzehn (dreißig, vierzig, fünfzig!). Ich treffe meine Entscheidungen allein.« Geschwister könnten ihren Brüdern und Schwestern sagen: »Auch wenn du es noch nicht gemerkt hast: Ich bin nicht mehr dreieinhalb. Behalte deine klugen Ratschläge für dich.«

Damit riskieren diejenigen, die die bisherigen Verhältnisse aufkündigen, jedoch erst einmal, dass der Familiensegen schief hängt. Das muss man aushalten. Sonst wird sich nie etwas ändern.

Wann man erwachsen ist, ist weniger eine Frage des Alters, sondern der Einstellung. Nicht einmal das äußere Verhalten gibt genaue Aufschlüsse über diese Frage. Manche tun nur so, als seien sie erwachsen. Aber innerlich fühlen sie sich klein und hilflos.

Es hat etwas mit Reife zu tun. Dieser Begriff ist aus der Mode gekommen, spielte früher aber eine große Rolle. Es wurde darüber diskutiert, ob ein Mensch schon die nötige Reife für die Ausübung eines Berufs, eine bestimmte familiäre oder berufliche Position oder ein politisches Amt besitze. Das Abitur hieß auch Reifeprüfung, besonders in Österreich und in der Schweiz »Matura« genannt, nach lateinisch »maturitas« für »Reife«.

Als ich Kind war, wollten die Abiturienten und Abiturientinnen erwachsen aussehen. Das bedeutete, dass die jungen Männer Anzug und Krawatte trugen und die jungen Frauen sogenannte Kostüme. Das waren mindestens knielange Röcke und Jacken aus demselben Stoff. Üblich waren auch Clubjacken, das heißt dunkelblaue Jacken mit goldenen Knöpfen und Fantasiewappen. Heute dagegen wollen Erwachsene nicht selten wie Kinder aussehen. Sie tragen ihre Haare verwuschelt. Die Hosen und Oberteile sind zu weit, haben Risse und Löcher.

Ich glaube, dass man auf den Begriff »Reife« nicht verzichten kann. Wer sich von seiner toxischen Familie befreien will, kommt nicht darum herum, Reife zu erlangen. Damit meine ich innere und äußere Unabhängigkeit. Man muss in der Lage sein, ohne seine Familie zurechtzukommen, selbst wenn man weiter den Kontakt zu ihr pflegt. Kinder gehen ohne ihre Familie unter. Erwachsene können grundsätzlich aus eigener Kraft bestehen. Sie sind in der Lage, eine eigene Familie zu gründen. Das ist der entscheidende Unterschied.

Zehn Schritte, in einer toxischen Familie zu überleben und aufzublühen

Hier alle zehn Schritte im Überblick:

1. Den Stress einer toxischen Familie bewältigen
2. Rücksichtslos für dich selbst sorgen
3. Dich und deine toxische Familie verstehen
4. Das zukünftige Verhältnis zu deiner toxischen Familie festlegen
5. Sagen, was gesagt werden muss
6. Vollendete Tatsachen schaffen
7. Aufblühen in einer toxischen Familie
8. Eine eigene, wohltuende Familie gründen
9. Inneren Frieden schließen mit der toxischen Familie
10. Über die Familie hinausgehen

Erster Schritt: Den Stress einer toxischen Familie bewältigen

Leicht ist es nicht, aber möglich

Zu Beginn ist es wichtig, sich bewusst zu machen, dass der Veränderungsprozess Zeit braucht. Die toxische Familie kann diesen Prozess jedoch nicht aufhalten.

Stell dir vor, du lebst in einem unaufgeräumten Haus mit ganz vielen Zimmern und beschließt, Ordnung zu schaffen. Deine Aufgabe steht dir klar vor Augen. Jetzt bleibt dir nichts anderes übrig, als dir Raum für Raum, Ecke für Ecke, Regal für Regal, Schublade für Schublade vorzunehmen. Du kannst nicht alles auf einmal neu sortieren.

Diese Arbeit muss nicht unbedingt anstrengend sein, wenn du dir immer nur so viel vornimmst, wie du an einem Tag leisten kannst. Aber du verfügst nicht an jedem Tag über die gleiche Kraft. Mal schaffst du mehr, mal weniger. Es wird Tage geben, an denen du überhaupt nichts machen wirst.

Während du aufräumst, legt sich immer wieder neuer Staub über die Zimmer, auch über die, die du bereits in Ordnung gebracht hast und die inzwischen sehr ansehnlich sind.

Manchmal wirst du das Gefühl haben, es gehe nicht voran. Oder es sei zu viel, um es zu schaffen. Hab Geduld und mach ruhig und konzentriert weiter.

In einige Räume wirst du überhaupt erst einmal Licht bringen müssen. Die Fensterscheiben sind matt, die Lampen brauchen neue Leuchtmittel. Indem du Licht in das Dunkel bringst, erkennst du das ganze Ausmaß des Chaos. Das kann entmutigend sein. Aber Erkenntnis ist ein Fortschritt. Anschließend kannst du einen Plan machen, wie du weiter vorgehen willst.

Schau nicht nur auf die Arbeit, die noch vor dir liegt, sondern freue dich über das, was du bereits geschafft hast. Bald lebst du in einem Haus, in dem du dich wohlfühlst.

Dieser Vergleich steht für mehrere Dinge. Mit dem Haus ist zum einen dein Innenleben gemeint. Oft klammern wir bestimmte Themen aus. Wir wollen nicht mehr darüber sprechen, nicht einmal darüber nachdenken. Dadurch wird das Haus jedoch immer kleiner. Wir bekommen Angst vor unseren unaufgeräumten Ecken. Erst wenn wir uns in unserer Innenwelt frei bewegen können, fühlen wir uns wirklich wohl. Außerdem ist es so, dass sich die Außenwelt besser sortieren lässt, wenn wir in uns aufgeräumt haben.

Das Haus steht ferner für unser Leben. Wie ein Haus umfasst dieses mehrere Räume. Über das Innenleben, unseren Geist und unsere Gefühle haben wir eben gesprochen. Dann wären da zum Beispiel noch unser Körper, der Beruf, die Freunde, die Freizeit, die finanzielle Situation, unsere Hobbys, die Nachbarn und der Wohnort. Alle diese Bereiche gilt es anzuschauen und, wenn nötig, in Ordnung zu bringen.

Und schließlich bezeichnet das Haus die toxische Familie, um die wir uns in diesem Buch kümmern wollen. Jedes Mitglied der Familie stellt einen Raum für sich dar. Wollen wir bestimmte Türen für immer verschließen? Vielleicht sogar ein ganz neues Haus beziehen, also eine Familie unserer Wahl finden, neue Menschen, mit denen wir unser Leben viel lieber teilen möchten? Oder ist das alte Haus, zumindest teilweise, erneuerbar? Braucht es klärende Gespräche? Müssen Grenzen gezogen werden? In welche Beziehungen muss Licht gebracht werden? Sind Räume vorhanden, in denen überhaupt nichts verändert werden muss, weil bereits alles stimmt?

Sich über all das klar zu werden, braucht Zeit. Der Veränderungs- und Erneuerungsprozess kann nur schrittweise vollzogen werden. Mit Stillstand und Rückschlägen ist von vornherein zu rechnen. Aber das Vorhaben kann gelingen!

Der Schlüssel zur Stressbewältigung: mit allen Gefühlen zurechtkommen

In einer toxischen Familie herrschen negative Gefühle vor. Deshalb ist deine wichtigste Aufgabe, aus diesem chronisch düsteren Klima auszubrechen. Selbst wenn du deine Familie verlassen und den Kontakt zu ihr abgebrochen hast, ist es sehr wahrscheinlich, dass du das Gift der negativen Gefühle weiter in dir trägst. Da sich bekanntlich Gleich und Gleich gern gesellt, besteht die große Gefahr, dass sich um dich herum ein neues Klima toxischer Emotionen bildet, ohne dass du die genauen Zusammenhänge verstehst.

Die Gefühle bestimmen auf einer unbewussten Ebene die Kommunikation. Sie sorgen dafür, dass sich Menschen anziehen, die auf der gleichen Welle liegen. Bestimmt ist dir schon mal aufgefallen, dass du keine Lust hast, mit Menschen zusammen zu sein, die schlecht gelaunt sind, wenn du selbst in Hochstimmung bist. Umgekehrt gilt das auch. Wenn du miese Laune hast, kannst du mit Menschen, die lachen und fröhlich sind, nicht viel anfangen. Es passt einfach emotional nicht.

Genauso reagieren andere auf dich. Bist du in schlechter Stimmung, werden nur diejenigen deine Gegenwart mögen, die selbst so deprimiert, traurig, ärgerlich oder ängstlich sind wie du. Mit guter Laune ziehst du glückliche Menschen an, die anderen gehen.

Auf Dauer bleiben nur diejenigen zusammen, die emotional auf derselben Wellenlänge sind. Jede Gruppe bildet ihr eigenes Gefühlsklima. Wenn man darauf achtet, merkt man das sehr deutlich. Ich habe einmal folgendes Experiment gemacht: In einer U-Bahn, die mit getrennten Wagen fuhr, habe ich an jeder Station das Abteil gewechselt. Es war teilweise verblüffend, wie unterschiedlich die Stimmungen in den verschiedenen Wagen waren. In dem einen herrschte eine dichte, gedrückte Atmosphäre, in einem anderen eine lockere, offene. Mal war das Klima neutral, mal ausgelassen.

Dass sich Stimmungen in einer Gruppe ausbreiten, ist besonders von der Panik bekannt. Blitzschnell ergreifen alle bei Gefahr die Flucht, ohne dass die Einzelnen begriffen haben, warum sie plötzlich so ängstlich sind und losrennen. Sie folgen emotional und im Verhalten einfach den anderen.

Das passiert jedoch nur, wenn man sich seiner Gefühle und Handlungen nicht bewusst ist. Sobald man wahrnimmt, was in einem abläuft, kann man bewusst gegensteuern. Sich den Emotionen der anderen zu entziehen, ist dabei am schwersten. Deshalb sagte ich, dass es möglich ist, sich vor dem Einfluss einer toxischen Familie zu schützen, es ist aber nicht leicht.

Um dich zu befreien, bleibt dir nichts anderes übrig, als deine emotionale Intelligenz zu schulen. Unter emotionaler Intelligenz verstehen Psychologen die Fähigkeit, die eigenen Gefühle wahrzunehmen und zu kontrollieren sowie die Gefühle anderer zu verstehen und zu beeinflussen.

Wenn du wirklich unabhängig werden willst, musst du darüber hinaus lernen, alle deine Gefühle zu akzeptieren und zu ertragen. Das ist etwas Ungewöhnliches. Normalerweise möchte man sich einfach nur wohlfühlen. Die unangenehmen Gefühle versucht man möglichst auszuklammern. Jedenfalls wollte ich das lange Zeit. Nur funktioniert das leider nicht. Die negativen Emotionen sind ein Teil dieser Welt. Je mehr man vor ihnen davonläuft, desto mehr verfolgen sie einen. Es ist paradox. Je bereitwilliger man ist, alle seine Gefühle anzunehmen, desto freier wird man.

Bis dahin ist es meist ein längerer Weg. Erst versucht man, die unangenehmen Gefühle zu bekämpfen. Wenn das nichts bringt, will man vor ihnen fliehen. Erst wenn auch das auf Dauer erfolglos ist, wächst die Bereitschaft, sich auf alle Gefühle einzulassen, egal wie oft sie auftreten, wie lange sie bleiben und wie intensiv sie sind.

Eines vorweg: Gefühle bringen einen nicht um, auch wenn uns das manchmal so vorkommen kann. Gefühle sind einfach Gefühle, nicht mehr und nicht weniger. Alle Emotionen haben eine positive Funktion. Es geht darum, diese zu verstehen. Dann merken wir, dass sie es im Grunde gut mit uns meinen. Vor Gefühlen Angst zu haben, ist völlig unnötig. Leider ist es so, dass die wenigsten Menschen gelernt haben, mit ihren eigenen Emotionen und denen der anderen umzugehen. Daraus resultieren gravierende Probleme.

Am besten lernt man erst einmal, mit den eigenen Gefühlen umzugehen. Danach fällt es leichter, mit den Gefühlen der anderen fertigzuwerden. Dazu gehört, sich von deren Emotionen nicht anstecken zu lassen, wenn man das nicht will. Beherrscht man diese Fähigkeit, ist man in der Lage, trotz einer toxischen Familie aufzublühen.

Mit deinen eigenen Gefühlen fertigwerden

Wo kommen die Gefühle her? Diese Frage hat inzwischen eine andere abgelöst: Wo kommen die Kinder her? Während fast alle Menschen heute sexuell aufgeklärt sind, lässt sich das von der emotionalen Aufklärung nicht behaupten.

Wo also kommen die Gefühle her? Bevor das nicht klar ist, ist es unmöglich, mit den eigenen Gefühlen fertigzuwerden.

Nähern wir uns der Antwort zunächst auf eine andere Weise: Wo kommen die Gefühle nicht her?

Tatsächlich existieren mehr falsche Vorstellungen von der Entstehung der Gefühle als richtige. Übrigens unterscheide ich, wie du bestimmt gemerkt hast, nicht zwischen Gefühlen und Emotionen. Die Unterscheidung ist eher akademisch. Sie ist von geringer praktischer Bedeutung. Deshalb verzichte ich darauf. Wenden wir uns lieber einigen falschen Vorstellungen von der Gefühlsentstehung zu:

Erster Irrtum: Gefühle werden von der Außenwelt ausgelöst.

Diese Überzeugung hält sich hartnäckig. Selbst diejenigen, die es eigentlich besser wissen, fallen oft noch in das traditionelle, falsche Denken zurück.

Auf einen Reiz folgt eine Reaktion: So schien lange Zeit auch die Wissenschaft die Alltagsmeinung zu bestätigen. Bis die Entdecker der Kognitiven Therapien kamen. Albert Ellis formulierte ab Mitte der 1950er Jahre, dass A, ein Reiz, nicht C, die Reaktion auslöst. Vielmehr löst B, die Bewertung des Reizes, die Reaktion aus. D, eine neue Bewertung, kann B ersetzen und dadurch eine andere Reaktion auslösen, ohne dass sich irgendetwas an A, dem Reiz, ändert.

Klingt zunächst vielleicht etwas kompliziert, ist es aber nicht. Man fühlt und handelt so, wie man denkt. Das wäre die einfachste Aussage über die Entstehung von Gefühlen. Es sind die Gedanken, die die Gefühle auslösen. Ändert man die Gedanken, ändern sich automatisch die Gefühle.

Das hatten bereits die Stoiker, antike Philosophen, 2000 Jahre vor Albert Ellis entdeckt. Buddha kannte den Zusammenhang zwischen Gedanken und Gefühlen ebenfalls lange vor unserer Zeit. Auch bei Shakespeare leuchtete diese Erkenntnis auf: »Kein Ding ist gut oder schlecht, erst das Denken macht es dazu.«

Nicht einmal Tiere folgen blind dem Reiz-Reaktions-Schema, sondern nehmen aufgrund ihrer Erfahrungen eine Bewertung vor, jedenfalls sofern ihr Gehirn höher entwickelt ist.

Zwei Beobachtungen, die allen vertraut sind, widerlegen die Reiz-Reaktions-These:

Wäre allein der Reiz für die Reaktion verantwortlich, müssten alle Menschen auf dieselbe Weise reagieren. Das ist jedoch nicht der Fall.

Nehmen wir ein Fußballspiel. Die eine Mannschaft schießt ein Tor. Jubeln alle? Nein, nur die Anhänger dieser Mannschaft sind begeistert. Die Anhänger der anderen Mannschaft ärgern sich oder reagieren deprimiert. Einem Teil des Publikums ist es völlig egal, wer ein Tor schießt und wer gewinnt. Wäre allein der Reiz für die Reaktion verantwortlich, müsste sogar derselbe Mensch immer gleich reagieren. Das ist nicht der Fall.

Beispiel: Eine Person lebt in einer toxischen Familie. Sie reagiert ärgerlich, ängstlich und deprimiert. Nachdem sie gelernt hat, anders über ihre Familie zu denken, bleibt sie gelassen und ist oft sogar glücklich. Die Familie ist jedoch so toxisch wie immer und hat sich nicht verändert.

Zweiter Irrtum: Gefühle überfallen uns.

Dieser Eindruck ist falsch. Alle unsere Gefühle werden durch unsere Gedanken ausgelöst. Dieser Prozess bleibt jedoch häufig unbewusst. Daher scheint es den meisten Menschen so, als kämen ihre Emotionen quasi aus dem Nichts.

Dritter Irrtum: Gegen seine Gefühle kann man nichts machen.

Sind erst einmal bestimmte Denkmuster entstanden, folgen die Gefühle denselben Gewohnheiten. Deshalb scheint es so schwer, das Denken und Fühlen zu ändern. Das trifft auf alle Gewohnheiten zu.

Die alte Volksmeinung war: »Was Hänschen nicht lernt, lernt Hans nimmermehr.« Die Wissenschaft schloss sich dieser Meinung an. Sie hielt die Gehirnstrukturen ab einem frühen Alter für unabänderlich. Seit die lebenslange Plastizität des Gehirns entdeckt wurde, hat sich das Blatt gewendet. Im Prinzip gilt jetzt alles ein Leben lang für lernbar. Hans kann jetzt nachholen, was Hänschen nicht gelernt hat.

Vierter Irrtum: Das Temperament verhindert die Kontrolle der Gefühle.

Mag sein, dass manche Menschen temperamentvoller sind als andere. Das bedeutet aber nicht, dass sie dadurch unfähig sind, ihre Gefühle zu beherrschen. Es heißt höchstens, dass sie länger, intensiver und öfter lernen müssen, damit sie es ebenfalls schaffen.

Das sind einige der größten Irrtümer über Gefühle.

Kommen wir zurück zu der Frage, wo die Gefühle herkommen.

1. Gefühle entstehen durch Gedanken.
   Gelegentlich wird diskutiert, ob es Ausnahmen von dieser Regel gibt. Auch diese Diskussionen scheinen mir eher akademischer Natur. Wenden wir uns lieber der Anwendung des Grundsatzes zu.
   Da unsere Emotionen durch unser Denken bestimmt werden, und nicht durch die Außenwelt, besteht die Möglichkeit, die eigenen Gefühle zu ändern, ohne dass die Außenwelt sich ändern muss.
   In unserem Fall heißt das, dass wir kraft der Freiheit unseres Denkens auch in einer toxischen Familie gelassen und sogar glücklich leben können.
   Wie geht es dann weiter? Entweder wird die Familie sich auf unsere positive Gefühlsebene einlassen und sich anpassen oder es wird zu einer Trennung kommen, was nicht unbedingt einen Bruch bedeuten muss. Aber Ungleiches stößt sich ab.

2. Wir sind weder unseren negativen Gefühlen noch unserer toxischen Familie ausgeliefert.
   Wir müssen allerdings lernen, anders als bisher über un-

sere Familie zu denken. Dieses Müssen ist ein bedingtes, ein konditionales Müssen. Unter der Bedingung, dass sich für uns etwas ändern soll, ist es unumgänglich, das eigene Denken, Fühlen, Reden und Handeln gegenüber unserer Familie zu ändern. Wenn sich nichts ändern soll, kann alles so bleiben, wie es ist.
Es gibt kein absolutes Müssen. Niemand muss unbedingt lernen, anders zu denken, zu fühlen, zu reden und zu handeln. Aber dann ändert sich eben nichts.

Dieser Unterschied zwischen dem bedingten und unbedingten Müssen ist für unser Denken wesentlich; denn es ist gerade das unbedingte Müssen, das uns das Leben so schwer macht.

Sätze wie

- »Meine Familie muss sich ändern, sonst kann ich nicht glücklich sein«,
- »Meine Eltern, Geschwister und anderen Verwandten sollten mich endlich so lieben, wie ich das will« oder
- »Mein Vater, meine Mutter, mein Bruder, meine Schwester müssen endlich einsehen, dass sie mir schweres Unrecht angetan haben«,

führen dazu, dass wir unser Glück in die Hände unserer toxischen Familie legen. Wir machen es von deren Verhalten und Einstellung abhängig. Damit verlieren wir die Kontrolle über unser Lebensglück.

Es ist ein großes Geschenk, dass wir so denken können, wie wir wollen; denn damit besitzen wir die Freiheit, uns so zu fühlen und so zu handeln, wie wir möchten.

Um das auszuführen, bräuchte es ein ganzes Buch. Ich habe in vielen meiner Bücher sehr ausführlich den Zusammenhang zwischen dem Denken, Fühlen und Handeln besprochen. In *Gelassenheit beginnt im Kopf* bin ich darauf eingegangen, wie man sich mithilfe seiner Gedanken beruhigen kann. Im Literaturverzeichnis findest du weitere Bücher zu diesem Thema.

Deshalb will ich mich hier kurz fassen. In vielen Fällen reichen diese Hinweise bereits, um mit den eigenen Gefühlen fertigzuwerden. Mehr wusste ich zu Beginn meines Wegs auch nicht. Es genügte, um mein inneres Gleichgewicht wieder zu erlangen und von da an zu halten.

Ich möchte aber noch an einem Beispiel zeigen, wie der Umgang mit den eigenen Gefühlen gelingen kann. Das Denken macht den Unterschied. Nehmen wir einmal an, eine Tochter ist zu Besuch bei ihren Eltern und diese tun wieder das, was sie ihr Leben lang gemacht haben. Sie machen ihrer Tochter Vorwürfe aller Art. Sie jammern und klagen. Sie schimpfen und streiten. Die Besucherin denkt: »Ich kann das nicht mehr aushalten. Ich werde gleich verrückt oder breche zusammen. Es ist so schrecklich. Meine Eltern lieben mich nicht und haben es nie getan. Das lasse ich mir nicht mehr gefallen. Ich muss sofort weg hier.«

Bleiben wir zunächst bei A, der Situation. Diese ist, wie sie ist. Die Eltern schimpfen, jammern und erheben Vorwürfe. So weit, so gut (oder schlecht).

Was Punkt C, die Gefühle angeht, finden wir eine ganze Palette. Das reicht von Verzweiflung, Unglücklichsein, Traurigkeit bis zu Ärger und Ängsten. Auf der körperlichen Ebene können Beschwerden aller Art auftreten: Magenschmerzen, Enge in der Brust, Migräne oder Atemnot, um nur einige zu nennen. Stress spiegelt sich im Körper und in der Seele wider.

Nun führt jedoch nicht A zu C, sondern B, die Gedanken, die sich die Tochter macht (»Ich kann das nicht mehr aushalten« und so weiter). Tatsache ist aber, dass sie es aushalten kann, dass sie weder verrückt wird noch zusammenbricht. Ihre Gedanken dramatisieren das Geschehen. Das ist verständlich, aber schädlich, und zwar sowohl für das körperliche Wohlbefinden und das persönliche Glück der Tochter als auch für die Kommunikation mit den Eltern.

In dieser Situation ist es wichtig, Mitgefühl und Verständnis für sich selbst zu haben. Wie sich die Eltern verhalten, wäre für die meisten Menschen schwierig. Deshalb ist es überhaupt nicht hilfreich, sich für seine Gedanken und Gefühle zu verurteilen. Was den Umgang mit ihren Eltern für die Tochter wesentlich verbessern würde, wäre eine andere Beurteilung der Situation. Das Verhalten ihrer Eltern kann sie nicht ändern. Das hat sie schon oft genug vergeblich versucht. Aber sie könnte ihr Denken über deren Verhalten ändern, beispielsweise so:

»Leider ist es wie immer. Meine Eltern werden wohl ihr Leben lang so bleiben. Da kann ich nichts ändern. Schade! Ich fühle mich nicht wohl dabei. Aber es geht, auch wenn ich es mir anders wünschen würde. Sobald ich den Kaffee getrunken habe, werde ich gehen und mit dem Nachmittag noch etwas Schönes anfangen.«

Wichtig ist, das Toxische nicht noch giftiger zu machen. Sich unglücklich zu machen, liegt in einer solchen Familie zwar nahe, aber das bringt nur noch mehr Stress.

Anders über die toxische Familie zu denken, ist der erste Schritt, gesünder zu reagieren.

Wie schafft man es nun, auf andere Gedanken zu kommen?

Am einfachsten ist es, die Stressgedanken umzukehren. Aus »Ich kann das nicht aushalten« wird »Doch, ich kann das aushalten«. »Ich werde gleich verrückt und breche zusammen« wird zu »Nein, ich werde nicht verrückt und ich breche auch nicht zusammen«.

Eine andere Methode besteht darin, sich zu fragen, zu welchen Überlegungen man einer Freundin in der gleichen Situation raten würde. Häufig weiß man sofort, was andere tun sollten. Nur auf sich selbst wendet man dies nicht an. Würde man einer Freundin raten, zu denken: »Ich breche gleich zusammen«? Wohl kaum! Eher so etwas wie: »Ich bleibe nur eine Stunde. Das kann ich noch ertragen.«

Solches Umdenken braucht viel Übung. Anfangs setzen sich noch häufiger die alten Denkmuster durch (zum Beispiel: »Das nervt total«). Erst wenn man die gesünderen Gedanken ständig wiederholt (»Es geht auch so«), spielt sich das Neue ein.

Wichtig ist noch, nur die Stressgedanken am Punkt B zu ändern. Weder die Tatsachen noch deine Reaktionen sollen beschönigt werden. Wenn deine Geschwister sich dauernd anschreien, dann ist das so. Es ergibt keinen Sinn, sich einzureden, dass sie sich nicht streiten. Genauso bleibst du bei der Wahrheit, was deine Gefühlsreaktion angeht. Wenn du wütend bist, dann bist du wütend. Erzähl dir nicht, dass du die Ruhe in Person wärst.

Am Punkt B dagegen gibt es keine Wahrheit. Wie du die Tatsachen bewertest, ist deine Sache. Es steht dir frei, über deine Familie zu denken: »Ich hasse sie alle« (mit der unvermeidbaren Folge, dass du entsprechende Gefühle bekommst), oder zu denken: »Jeder von ihnen hat große Probleme, deshalb handeln sie so« (mit der Folge, dass du relativ entspannt bleibst).

Dich von den Gefühlen der anderen nicht anstecken lassen

Mit den Gefühlen anderer Menschen umzugehen, ist ebenfalls nicht leicht. In einer toxischen Familie ist, wie gesagt, nichts leicht. Aber auch den Umgang mit den Gefühlen deiner Familienmitglieder kannst du lernen. Das wird mit der Zeit und zunehmender Übung leichter, besonders wenn du dabei die folgenden Grundsätze beachtest:

1. Du bist für die Gefühle der anderen nicht verantwortlich. In toxischen Familien ist es üblich, sich gegenseitig für seine Gefühle verantwortlich zu machen. Das ist Teil des Problems. Die Überzeugung, ein anderer sei schuld daran, dass man sich schlecht fühlt, führt zu zahlreichen Verstrickungen. Wie soll man jemals glücklich werden, wenn doch die anderen das eigene Glück in ihren Händen halten?
   Das Thema ist Gegenstand einer ganzen Reihe flehender Songs à la »Set me free, why don't you, babe«. (Gib mich frei, warum tust du das nicht, Baby). Nur die Nächsten können einen retten, aber sie tun es nicht. Jedenfalls glauben viele das.
   Oft reden Eltern ihren Kindern ein, diese würden sie wütend machen, ihnen Sorgen bereiten oder für ihre Enttäuschungen verantwortlich sein. Nichts davon trifft zu. Nichts und niemand kann einen unglücklich machen, ärgern, deprimieren oder ängstigen. Nichts und niemand kann uns erfreuen, beruhigen oder glücklich machen. Nur wir selbst können das, mit unseren eigenen Bewertungen. Das mag verblüffend oder sogar unglaublich klingen. Da-

bei kennt es genau genommen jede und jeder. Wer hat nicht schon Geschenke bekommen, die einen enttäuscht haben? Lag es am Geschenk? Nein, man hatte sich einfach etwas anderes erhofft. Die eigene Erwartung wurde enttäuscht. Das Geschenk selbst hätte eine andere Person erfreut. Wirklich? Nein, es kann genauso wenig erfreuen wie enttäuschen. Das macht man alles selbst.

So ähnlich verhält es sich mit der Beziehung zwischen Eltern und Kindern. Manche Eltern sind von ihren Kindern enttäuscht. Sie hatten sich etwas anderes erhofft. Ist das die Schuld der Kinder? Keineswegs, auch wenn die Eltern es oft so darstellen. Daher ist es wichtig, dass du dir immer wieder bewusst machst, dass du für die Gefühle deiner Familie nicht verantwortlich bist.

Mit einer kleinen Einschränkung: Die meisten Menschen kennen das ABC der Gefühle nicht. Sie wissen nicht, wo ihre Gefühle herkommen bzw. schreiben die Ursache anderen zu. Daher ist es bei nicht aufgeklärten Menschen möglich, deren »Knöpfe zu drücken«, das heißt ihre empfindlichen Punkte zu treffen. Wenn man diese Punkte kennt, sollte man es unterlassen, darauf Bezug zu nehmen. Doch grundsätzlich bleibt es dabei, dass jeder für seine Gefühle selbst verantwortlich ist.

2. Deine Familie ist für deine Gefühle nicht verantwortlich. Es sei denn, du bist noch zu jung, um den Zusammenhang zwischen dem Denken und Fühlen zu verstehen. Im Prinzip begreifen aber schon Kinder diese Verbindung, wenn man es ihnen altersgerecht erklärt. So oder so bleibt es eine Aufgabe, die eigenen Gefühle beherrschen zu kön-

nen. Auch Erwachsene haben noch ihre Probleme damit, wie man täglich überall beobachten kann.
Die Selbstverantwortung für die eigenen Gefühle hat allerdings einen Riesennachteil. Wenn du es gewöhnt bist, deiner Umgebung die Schuld dafür zu geben, wie du dich fühlst, wirst du diese Neuigkeiten nicht gerne hören, ganz besonders wenn du meinst, nun selbst an deinen unangenehmen Gefühlen schuld zu sein. Deshalb habe ich weiter oben betont, dass es wichtig ist, Mitgefühl und Verständnis für sich zu haben. Es geht nicht um die Zuweisung von Schuld, sondern darum, wie du glücklich werden kannst, mit und ohne deine Familie.
So gesehen, ist es ein Riesenvorteil, dass du deine Gefühle selbst regeln kannst. Sonst hättest du wirklich ein gewaltiges Problem!

3. Wir sind empfänglich für die Gefühle der anderen.
Das liegt an den Spiegelneuronen. Das sind Nervenzellen, die wie kleine Antennen die Emotionen unserer Mitmenschen registrieren. Nicht immer machen wir uns diese Signale bewusst. Manche haben gelernt, sie komplett auszublenden. Andere wieder haben äußerst empfindliche Antennen. Durch die Spiegelneuronen sind wir mit allen anderen emotional verbunden. Doch auch dieser Umstand bedeutet nicht, dass wir den Gefühlen unserer Nächsten ausgeliefert sind.
Die Impulse, die uns erreichen, nehmen wir wahr, jedenfalls empfiehlt es sich; denn sie enthalten wichtige Informationen. Wie bei allen anderen Reizen, die wir empfangen, können wir dann entscheiden, wie wir darauf

reagieren wollen. Gehen wir nicht darauf ein, laufen sie durch uns hindurch. Indem wir sie bekämpfen oder vermeiden wollen, halten wir sie fest. Selbstverständlich können wir auf jeden Reiz reagieren, wenn wir das möchten. Aber wir müssen es nicht.
Gefühle sind also nicht von allein ansteckend. Wir müssen uns empfänglich zeigen. Sonst passiert wenig, außer dass wir merken, wie andere sich fühlen.

4. Ereignisse sind weder gut noch schlecht, sondern neutral. Sie lassen sich unterschiedlich bewerten.
Nach allem, was ich bis hierher gesagt habe, dürfte das klar sein. Ich wiederhole es aber gerne, weil wir gelernt haben, bestimmte Dinge automatisch zu mögen oder abzulehnen. Auch Emotionen sind neutral, weder gut noch schlecht. Man sollte sie ernst nehmen, aber nicht überbewerten. Sie sind flüchtig, das heißt sie kommen und gehen, genau wie unsere Gedanken, von denen sie abhängen.
Was den Ärger, die Ängste, die Enttäuschung und die Trauer deiner Verwandten angeht, so müssen diese lernen, selbst damit umzugehen. Sie sind insoweit in der gleichen Situation wie du.

Wie man es schafft, unter Druck neue Kräfte zu sammeln

Hierbei ist es wichtig, zunächst zwischen psychischem und physischem Druck zu unterscheiden. Je nachdem, um welche Art von Anspannung es sich handelt, helfen verschiedene Methoden.

Beginnen wir mit psychischem Druck. Diesen macht man sich selbst. Anders als die meisten Menschen fest glauben, kommt Druck nicht von außen, sondern von innen. Vielleicht fragst du dich jetzt: Und was ist, wenn einem jemand einen Revolver an den Kopf hält? Das macht eigentlich noch nichts. Nur wenn damit die Drohung verbunden ist, eine mit scharfer Munition geladene Schusswaffe abzudrücken, wird es brenzlig. Aber selbst dann entsteht noch nicht automatisch Druck aufseiten des Bedrohten. Märtyrer beispielsweise würden sich darüber freuen, ihren Überzeugungen treu zu bleiben und bald vor ihrem Schöpfer zu stehen. Auch wenn die Zahl solcher zu allem entschlossenen Menschen klein sein mag, zeigt sie doch, dass Druck keine äußeren Ursachen hat. Sonst müssten ausnahmslos alle Menschen in dieser Situation gestresst sein.

Außerdem sind Extremsituationen die große Ausnahme. In der Regel geht es »nur« um Prüfungen, Termine oder eben um das Leben in einer toxischen Familie.

Prüfungen treten zum Beispiel in sportlichen Wettkämpfen auf. Nehmen wir die Olympischen Spiele. Pro Disziplin wird nur eine Goldmedaille verliehen. Es gibt aber hundert oder mehr Bewerberinnen darum. Ist das nicht eine klassische Stresssituation? Nur wenn man immer noch glaubt, Stress habe mit der Situation an sich zu tun. Wenn man sich jedoch mit der Sportpsychologie, insbesondere dem Mentaltraining von Champions beschäftigt, stellt man fest, dass die Besten der Besten in den entscheidenden Wettkämpfen keinen Druck spüren. Es gehört bei absoluten Weltklasseathleten dazu, neben dem äußeren auch das innere Spiel zu beherrschen. Sie wissen, dass zu viel Druck ihrer Leistung nicht nützen, sondern schaden würde. Deshalb sagen Goldmedaillengewinnerinnen, dass sie in den

Wettbewerb gegangen sind, um Spaß zu haben. Spaß im entscheidenden Finale? Das klingt ungewöhnlich, aber um zu den Ersten zu gehören, muss man ungewöhnlich sein; denn es ist nicht üblich, unter solchen Umständen zu gewinnen. Das Übliche ist, sich selbst unter Druck zu setzen und zu den Verlierern zu gehören.

Wenn du in einer toxischen Familie Druck vermeiden bzw. abbauen willst, bleibt dir nichts anderes übrig, als ebenfalls außergewöhnliche Fähigkeiten zu erwerben. In einer giftigen Atmosphäre hat man normalerweise Stress. Nur wenn man lernt, die inneren Ursachen zu beseitigen, bleibt man stressfrei, vielleicht nicht absolut, aber relativ stressfrei.

Emotionaler Druck entsteht durch Stressgedanken, vor allem solche, die ein »Müssen«, »Sollen« oder »Nichtdürfen« beinhalten:

»Mein Partner, meine Partnerin muss mich lieben«,

»Meine Eltern dürfen meine Vorstellungen von meinem Leben nicht ablehnen«,

»Meine Geschwister sollen mich ernst nehmen«,

»Meine Schwiegereltern müssen dieselben Ansichten haben wie ich«.

Der so entstandene selbstgemachte Druck lässt sich beseitigen, indem man die Stressgedanken infrage stellt:

»Hilft mir das irgendwie, zu verlangen, dass meine Eltern meine Vorstellungen vom Leben nicht ablehnen dürfen?«

»Warum kann ich nicht glücklich sein, wenn meine Geschwister mich von oben herab behandeln?«

Anschließend kann man sich gelassene Gedanken machen:

»Natürlich würde ich es vorziehen, dass meine Schwiegereltern in allen wichtigen Punkten mit mir übereinstimmen, aber wenn sie das nicht tun, dann tun sie das eben nicht. Ich kann auch ohne ihren Segen glücklich werden.«

Das wäre der Idealfall, wo du emotionalen Stress gar nicht erst aufkommen lässt oder ihn gleich wieder abbaust. Leider wird dir das gerade am Anfang nicht immer gelingen. Das geht allen so, die in einer toxischen Familie aufwachsen. Ohne die hier empfohlenen Mittel ist das Leben in einem giftigen Familienklima sehr anstrengend.

Da hilft nur eines: neue Kräfte zu sammeln. Stress an sich ist kein Problem. Als Menschen sind wir von Natur aus für schwierige Zeiten gerüstet. Sonst gäbe es uns als Art schon längst nicht mehr, und wir hätten uns niemals dermaßen vermehrt. Dass Stress grundsätzlich kein Problem ist, trifft jedoch nur dann zu, wenn wir uns zwischendurch Ruhezeiten gönnen, für unseren Körper, unsere Seele und unseren Geist. Ununterbrochener Stress ist definitiv schädlich und macht krank.

Es geht also darum, sich immer wieder zu erholen, besonders wenn unser Leben auch körperlich anstrengend ist. Wir brauchen Pausen, Zeit für uns allein. Das muss nicht unbedingt räumliche Abgeschiedenheit sein. Dort, wo Menschen auf engem Raum zusammenleben, zieht sich jeder ab und zu in seine Ecke zurück und beschäftigt sich mit sich allein. Es gibt viele Möglichkeiten, von denen ich nur ein paar beispielhaft erwähnen will: sich in ein Buch vertiefen, mit Kopfhörern Musik hören, einen Film ansehen, meditieren, die Augen schließen und die Muskeln entspannen oder einfach einmal nichts tun (auf dem Bett liegen und an die Decke gucken).

Bei Olympischen Spielen eine Goldmedaille zu gewinnen, ist extrem schwierig und nur wenigen vergönnt. Den Stress einer toxischen Familie zu bewältigen, ist im Verhältnis dazu wesentlich leichter möglich. In dieser Disziplin kann mit entsprechendem Training jeder bestehen.

Was du sofort tun kannst

Den Stress einer toxischen Familie zu bewältigen, ist nicht leicht, aber möglich.

Der Schlüssel zu deiner Stressbewältigung liegt darin, dass du lernst, mit deinen Gefühlen umzugehen.

Emotionen entstehen durch Gedanken, genauer gesagt: durch Bewertungen, von denen du überzeugt bist.

Zu glauben, dass andere Menschen Emotionen in uns auslösen können, ist einer der belastendsten Gedanken überhaupt. Wenn man das glaubt, sitzt man in der Falle und fühlt sich hilflos.

Tatsache ist, dass nichts und niemand einen stressen kann. Emotionen entstehen nicht durch äußere Ereignisse, sondern durch die Gedanken, die wir uns darüber machen. Sobald man das einmal begriffen hat, weiß man, dass man lernen muss, mit seinen Gedanken umzugehen.

Stressgedanken führen zu Stress, gelassene Gedanken zu Gelassenheit.

Daraus ergeben sich einige Dinge, die du sofort tun kannst, unabhängig davon, was in deiner Familie gerade passiert.

Achte darauf, was du denkst, besonders wenn du dich schlecht fühlst. Was geht dir durch den Kopf, wenn du unglücklich bist?

Die Beobachtung deiner Gefühle und deiner Gedanken steht an erster Stelle. Sobald der Zusammenhang zwischen beiden klarer ist, wird dein Bedürfnis wachsen, dir Gedanken zu machen, die keinen Stress verursachen.

Das Gegenteil der Stressgedanken zu denken, wirkt befreiend.

Hilfreich sind auch Gedanken, die du einer Freundin sagen würdest, wenn sie an deiner Stelle wäre. Aus einer neutraleren Position erkennt man leichter, welche Gedanken jemand braucht, um sich besser zu fühlen.

Informiere dich gründlich über das ABC der Gefühle. Im Literaturverzeichnis findest du Selbsthilfebücher zu dem Thema.

Wie deine toxische Familie mit ihren Gefühlen zurechtkommt, ist deren Sache, es sei denn, du hast kleine Kinder. Denen wird es aber automatisch besser gehen, wenn du glücklicher bist. Kinder reagieren stark auf die Gefühle ihrer Eltern. Bei Erwachsenen ist das viel komplizierter.

Außerdem könntest du sofort damit beginnen, dich zu entspannen und neue Kräfte zu sammeln. Kleine Pausen, über den Tag verteilt, sind besser, als auf den nächsten Urlaub zu warten. Am Anfang genügen ein paar bewusste Atemzüge. Doch wer macht das schon? Du vielleicht?

Zweiter Schritt: Rücksichtslos für dich selbst sorgen

Warum rücksichtslos?

Wenn du in einer toxischen Familie lebst, kommst du nicht darum herum, für dich selbst zu sorgen, und zwar rücksichtslos.

Eine toxische Familie wäre keine, wenn jeder lernen würde, seine Bedürfnisse zu erkennen und zu erfüllen, ja, wenn die Familie sich sogar gegenseitig dabei unterstützen würde. Da dieser Lernprozess also nicht stattfindet oder viel zu kurz kommt, ist man chronisch unterversorgt, was die eigenen Bedürfnisse angeht.

Um welche Bedürfnisse geht es?

Häufig sind es schon die ganz elementaren, also die nach Ruhe, Schlaf, Bewegung, Essen und Trinken. In einer toxischen Familie lernt man nicht, was das richtige Maß ist. Es gibt kein für alle Menschen richtiges Maß. Jeder muss selbst herausfinden, wie viel oder wie wenig Schlaf er braucht, wie viel oder wie wenig Essen ihm am besten bekommt und wie viel oder wie wenig Bewegung für sie optimal ist. Aber genau dieser Prozess, auf die eigenen Bedürfnisse zu achten, ist in toxischen Familie gestört. Irgendjemand gibt vor, was angeblich richtig ist, und der Rest der Familie hat sich danach zu richten. Abweichungen werden in der Kindheit nicht zugelassen und später mit kritischen

Bemerkungen bedacht. So kommt es, dass die schlecht erfüllten Grundbedürfnisse kompensiert werden mit Ersatzverhalten. Exzessiver Fernseh- oder Internetkonsum tritt beispielsweise an die Stelle von ausreichend Schlaf. Normalerweise würde man ins Bett gehen, wenn man müde ist. Aber man hat gelernt, seine Bedürfnisse zu übergehen. Im Grunde ist es so einfach: schlafen, wenn man müde ist; aufstehen, wenn man wieder munter ist; essen, wenn man Hunger hat; damit aufhören, wenn man satt ist; sich bewegen, wenn man den Drang danach spürt; damit aufhören, wenn man merkt, dass man genug Bewegung hatte.

Auch komplexere Bedürfnisse werden in toxischen Familien unterdrückt. Normalerweise würde jeder den Beruf ergreifen, der einem liegt und der einem Freude bereitet. Kreative Jugendliche würden Künstler oder mit den Händen geschickte Handwerkerinnen, und wer gerne denkt, würde einen akademischen Beruf ergreifen. Dem stehen aber die Einwände der toxischen Familie entgegen. Sie lässt es nicht zu, dass alle ihren Interessen nachgehen. Wo kämen wir denn da hin? Familientraditionen müssen fortgesetzt, Geschlechterrollen beachtet und finanzielle Erwägungen an erste Stelle gesetzt werden. Wer so ins Berufsleben eintritt, ist von vornherein gehandicapt; denn die Besten in jedem Beruf sind mit Herz und Seele dabei.

Darum sage ich, dass du in einer toxischen Familie rücksichtslos für dich selbst sorgen musst. Die Interessen deiner Familie sind nicht unbedingt deine Interessen, auch wenn alle dir das einreden wollen.

Toxische Eltern oder andere Verwandte versuchen, dich nach ihren Vorstellungen zu formen. Dabei wirst du mit größter Wahrscheinlichkeit unglücklich. Deshalb musst du dich mit Händen und Füßen (bildlich gesprochen) wehren, um dein Wohl zu verteidigen. Es ist nur teilweise übertrieben, in diesem Fall von Notwehr zu reden. In einer gesunden Familie hättest du es nicht nötig, dich gegen die Zumutungen deiner Verwandten zu wehren. In einer toxischen Familie jedoch ist es gesund, rücksichtslos für sich selbst zu sorgen. Kein vernünftiger Verwandter würde versuchen, dich zu etwas zu drängen, was du nicht willst. In einer toxischen Familie versucht nicht selten jeder jeden zu nötigen, und sei es nur, mehr zu essen oder aufzuessen, obwohl man keinen Hunger mehr hat.

Zur Erinnerung: Die wichtigste Beziehung ist die, die du zu dir selbst hast. Deshalb musst du für dich selbst eintreten, auch wenn es schwerfällt. Und es wird dir schwerfallen, weil es dir niemand beigebracht hat.

Viele meiner Klienten befürchten, sie könnten es mit der Wahrnehmung ihrer eigenen Interessen übertreiben. Ich weise dann regelmäßig darauf hin, dass sie viel, viel, viel zu nett sind und deshalb wahrscheinlich genau dann richtig liegen, wenn sie das Gefühl haben, viel zu weit zu gehen. (Rücksichtslose Menschen buchen offenbar kein Coaching, jedenfalls nicht bei mir.)

In einer toxischen Familie lernt man toxische Selbstlosigkeit. Das betrifft häufiger Frauen als Männer. Toxische Selbstlosigkeit? Ist nicht vielmehr Rücksichtslosigkeit das Problem? Auf die giftigen Verwandten trifft das zu, auf die anderen nicht. Diese leiden unter zu viel Toleranz.

Der Tendenz, selbst toxisch zu werden, entgehen

Rücksichtslos für sich selbst zu sorgen, ist in einer toxischen Familie das beste Mittel, nicht selbst toxisch zu werden. Nur mit großer Entschlossenheit ist dieser Gefahr beizukommen. Man darf nämlich nicht den Sog unterschätzen, der von der toxischen Familie ausgeht. Indem man meist mindestens bis zur Volljährigkeit, also achtzehn Jahre oder länger fast täglich mit dieser zusammen war, besteht die große Gefahr, stark von ihr geprägt zu werden und ihre wesentlichen Züge zu übernehmen, als da wären: chronisch schlechte Laune, ein Hang zu Krankheiten, destruktive Kommunikation, negative Denkmuster und Erwartungen sowie schlechte Verhaltensgewohnheiten.

Viele Menschen nehmen sich vor, nicht so zu werden wie ihre Eltern oder ihre Geschwister, nur um am Ende festzustellen, dass sie doch so geworden sind. Es genügt eben nicht, sich etwas vorzunehmen. Man muss auch etwas dafür tun. Negatives Denken, Fühlen, Reden und Handeln ändern sich nicht von allein.

Toxisch würde ich in diesem Zusammenhang mit unglücklich gleichsetzen. Im Kern geht es also darum, der Tendenz zu entgehen, so unglücklich zu werden wie der Rest der Familie, und das bedeutet nichts anderes, als konsequent glücklich zu sein. Keine leichte Aufgabe! Nicht wenige Menschen behaupten entweder, es gebe überhaupt kein Glück, dieses sei reine Illusion, oder aber man könne Glück nicht bewusst ansteuern. Ich frage mich, ob diese Menschen aus toxischen Familien kommen und den Ursprung ihrer Überzeugung nie erkannt und infrage gestellt haben.

Natürlich ist es möglich, glücklich zu sein, nur nicht in einer toxischen Familie. Es sei denn, man entzieht sich den unglücklich machenden Mustern und baut neue auf.

Das Gehirn steht dem nicht entgegen. Es bleibt ein Leben lang formbar. Das heißt, auch wenn du bereits achtzig Jahre oder älter und unglücklich bist, kannst du immer noch lernen, dich glücklich zu machen. Glück ist erlernbar, ebenso wie Unglück.

Manche Menschen, allerdings wenige, sind als Kinder in den Glückstopf gefallen. Sie wuchsen in einer gesunden, fröhlichen Familie auf, in der man sich gut verstand und gegenseitig half, glücklich zu werden, jeder auf seine Weise. Fast schon ein Traum, aber das gibt es. Ich kenne ein paar solcher Menschen.

Da keine Familie ideal ist und die Welt außerhalb des Familienverbands genug Probleme liefert, haben die von Anfang an Glücklichen auch gelernt, mit Schwierigkeiten fertigzuwerden. Sie sind also nicht – wie ein weiteres Vorurteil lautet – unfähig, in der wirklichen – soll heißen: unglücklichen, leidvollen – Welt zurechtzukommen.

Wir anderen, die nicht das Glück hatten, von Kindesbeinen an zu lernen, wie das geht mit dem Glücklichsein, dürfen, können und müssen (wenn wir wollen) dies später nachholen.

Genau genommen muss man gar nicht lernen, glücklich zu sein. Eigentlich sind wir sozusagen ab Werk so eingestellt. Doch oft lernen wir auf leidvolle Weise, unglücklich zu sein, und müssen dies erst wieder verlernen. Diese Erkenntnis drückt sich in dem Spruch aus, dass wir ein Leben lang brauchen, die Probleme zu lösen, die wir ohne unsere Eltern, Familien und LehrerInnen nicht gehabt hätten.

Wenn man in einer toxischen Familie aufwächst, ist die Frage nicht, ob man selber toxisch wird, sondern nur, wie sehr. Am Ende des Lebens stellt sich die weitere Frage, ob es einem gelungen ist, die ungesunden Muster aufzulösen. Man hat also Jahre oder Jahrzehnte Zeit, dies zu tun.

Je besser man sich die eigenen Bedürfnisse erfüllt, desto glücklicher und deshalb weniger toxisch wird man. Um für sich selbst sorgen zu können, braucht man Bewusstheit. Solange man nicht wirklich merkt, dass man leidet, oder diese Erkenntnis sogar verhindert, indem man sich auf die eine oder andere Weise betäubt, um den Schmerz nicht fühlen zu müssen, ist keine Besserung zu erwarten.

Leiden, unglücklich sein und Schmerzen sind Warnsignale. Sie zeigen an, dass etwas nicht stimmt und geändert werden muss. Deshalb ist Leiden an sich nicht sinnlos, sondern erfüllt eine lebenswichtige Funktion. Es kommt ganz darauf an, wie man darauf reagiert. Missachtet man sein Unwohlsein, bleibt dieses oder wird immer schlimmer. Nimmt man es dagegen zum Anlass, ungesunde Muster im Denken, Fühlen, Reden und Handeln aufzulösen, erweist sich das Leiden letztlich als Segen.

Körper, Geist und Seele geben einem erst dann grünes Licht, wenn man anfängt, für sich selbst zu sorgen. Das Wunderbare daran ist, dass Glück bereits dann empfunden wird, wenn die Richtung stimmt, und nicht erst, wenn man am Ziel ankommt. Da Glück ein Prozess und kein Zustand ist, kann man ohnehin nie aufhören, sich um sein Wohl zu kümmern. Gleichzeitig bedeutet dies, dass für Glück kein Limit existiert. Es ist möglich, glücklicher und glücklicher zu werden. Wie sagen die weisen Menschen dieser Welt: Alles beginnt mit einem ersten Schritt. (Anmerkung: Die Reise ist länger als tausend Meilen!)

Dich von deiner toxischen Familie erholen

Am wirkungsvollsten ist es, sich unabhängig von der toxischen Familie ein eigenes Leben aufzubauen. Dazu kommen wir noch.

Solange man aber noch in der Familie lebt und der Plan vom eigenen Leben deshalb nicht vollständig in Erfüllung gehen kann, kann man immerhin Teile davon verwirklichen. Dadurch erfährt man bereits eine gewisse Erleichterung und bekommt einen Vorgeschmack auf später.

Lebt man in einer giftigen Umgebung, kann es leicht passieren, dass die eigenen Gedanken nur noch um die daraus resultierenden Probleme kreisen. Das tut niemandem gut. Deshalb braucht jeder noch andere Bereiche, um sich zu erholen.

Soweit du solche Bereiche bereits hast, solltest du sie unbedingt nutzen. Ansonsten wäre es sehr hilfreich, dir solche aufzubauen. Dafür kommt alles infrage, was dir guttut und mit deiner giftigen Familie nichts zu tun hat.

Manche Menschen erholen sich in ihrem Beruf von ihrer Familie. Das mag seltsam klingen, aber selbst ein anstrengender Berufsalltag oder eine Ausbildung kann besser sein, als die ganze Zeit zu Hause zu verbringen.

Andere verbringen Zeit mit Freunden. Allerdings sollten diese nicht auch toxisch sein. Such dir bewusst Menschen aus, die es gut mit dir meinen, mit denen du dich wohlfühlst und mit denen du Spaß haben kannst.

Weniger ideal ist es, mit Freunden über die Probleme zu reden, die jeder hat. Einige Menschen kennen leider keine anderen Themen. Nur wenn in einer Freundschaft echtes Verständnis und Mitgefühl zu finden sind, lohnt es sich, über das zu sprechen, was einen bedrückt. In diesem Fall ist es vielleicht auch möglich, darüber nachzudenken, wie die Probleme zu lösen wären. Ein anderer Blick auf die eigenen Schwierigkeiten durch eine Freundin kann sehr hilfreich sein.

Auf jeden Fall sollte es Zeiten geben, wo die Gedanken nicht der toxischen Familie gelten. Spaziergänge durch die Stadt, durch Parks oder in der Natur können für die Seele sehr erholsam sein.

Manchmal muss man sich erst daran erinnern, dass es eine Welt außerhalb der toxischen Familie gibt. Veranstaltungskalender, die für die meisten Großstädte und Regionen angeboten werden, geben einen täglichen, wöchentlichen oder monatlichen Überblick über Konzerte, Ausstellungen, Filme, Theateraufführungen, Lesungen und vieles mehr. Manche Cafés und Restaurants eignen sich als Orte, wo man ganze Nachmittage oder Abende verbringen kann.

Sport oder die Mitarbeit in Vereinen oder Initiativen sind weitere Möglichkeiten, der Familie wenigstens zeitweise zu entfliehen.

Da ist mit Sicherheit auch etwas für dich dabei.

Was du sofort tun kannst

Mach jeden Tag etwas, was dir Freude bereitet. Das ist das Wichtigste.

Es kann etwas total Einfaches sein wie ein zehnminütiger Spaziergang einmal ums Haus. Diese kleine Freiheit kann zum Symbol deiner endgültigen Befreiung werden. Hauptsache, du machst jeden Tag etwas. Einmal am Wochenende ist zu wenig.

Für diejenigen, die nicht in einer toxischen Familie leben, mögen solche Kleinigkeiten lächerlich wirken. Aber ich weiß aus eigener Erfahrung, wie schwer es anfangs sein kann, sich aus den vielfältigen Verstrickungen seiner Familie zu lösen, nur an sich zu denken und mehr und mehr das zu tun, was einem Spaß macht, egal was die anderen dazu sagen.

Sag bitte nicht, du hättest keine Zeit. Ein paar Minuten nur für sich kann jeder finden. Zeitmangel ist nie das wirkliche Problem. Falls du meinst, du hättest keine Zeit, setz dich damit auseinander, was dir wirklich im Weg steht. Deine Familie ist es jedenfalls nicht. Sie kann dich nicht hindern. Dazu müsste sie dich fesseln. Finde deine inneren Hindernisse und löse sie auf, so wie es im ersten Schritt beschrieben ist.

Gewöhn dich an den Gedanken, dass es dir gut gehen darf. Du hast das Recht, glücklich zu sein.

Dritter Schritt: Dich und deine toxische Familie verstehen

Warum Verständnis dir hilft

Die Erwartungen an die Familie sind häufig von Wunschdenken bestimmt. Bloß weil man etwas gerne hätte, glaubt man, es müsse auch so sein. Dabei orientiert man sich nicht selten an einer idealen Familie. Und dann fragt man sich: Warum sind meine Eltern nicht so? Warum sind meine Brüder und Schwestern nicht so? Warum sind meine Großeltern nicht so? Dass diese Menschen deine Erwartungen nicht erfüllen, ist bereits ein erster Erkenntnisschritt. Sie sind nicht so. Punkt. Das in seinen Kopf zu bekommen, ist gar nicht ganz einfach. Normalerweise erwartet man immer und immer wieder, dass die Verwandten anders sein sollen, als sie wirklich sind. Sie sind nicht so. Punkt. Warum? Das kann man sich anschließend fragen. Wie oft besuchen erwachsene Kinder ihre Eltern in der Hoffnung, dass diese Mal anders sein mögen als sonst. Jedes Mal kehren sie dann enttäuscht nach Hause zurück. Die Eltern waren wie immer. Wann begreift man endlich, wie sie wirklich sind?

Albert Ellis hat gesagt, dass es irrational ist, von einem Neurotiker zu erwarten, dass er sich nicht neurotisch verhält. Verhielte er sich nicht neurotisch, wäre er kein Neurotiker. Also sollte man von einem Neurotiker erwarten, dass er sich neurotisch verhält. Sonst hätte man ihn vollkommen falsch eingeschätzt.

Wie viele erwachsene Kinder erwarten von ihren Eltern immer noch, geliebt zu werden. Obwohl sie diese Liebe ihr ganzes Leben lang nicht bekommen haben, hoffen sie, dass beim nächsten Mal ein Wunder geschieht und die Eltern sagen: »Wir lieben dich und haben dich immer geliebt. Es war alles ein großes Missverständnis. Es tut uns so leid.« Wie wahrscheinlich ist es, dass das passieren wird? Und selbst wenn, würde es etwas ändern? Die in der toxischen Zeit erworbenen Muster im Denken, Fühlen, Reden und Handeln würden sich nicht einfach auflösen, bloß weil die Eltern endlich etwas eingesehen haben.

Es ist zwar möglich, dass die Eltern oder die anderen Verwandten sich ändern. Aber wie wahrscheinlich ist es? Versuche erst einmal, dich selbst zu ändern. Dann bekommst du eine Ahnung davon, dass dies nicht durch ein Wunder und nicht über Nacht geschieht. Damit wäre schon viel gewonnen. Du würdest dich selbst besser verstehen und begreifen, wie Veränderungsprozesse funktionieren. Deine Erwartungen an andere würden viel realistischer werden. Du wüsstest dann, dass deine Eltern, Geschwister, Schwiegereltern, Großeltern, Onkel und Tanten ihr Leben lang so bleiben werden, wie sie sind, wenn sie nicht denselben Entwicklungsprozess durchlaufen, den du jetzt unternimmst, um die Muster deiner toxischen Familie zu verlassen.

Wenn du deine Verwandten wirklich verstehst, begreifst du, dass ihr Verhalten dir gegenüber wenig mit dir zu tun hat. Du hast keine Schuld daran, wie sie sich benommen haben. Deine

Eltern waren meistens schon so, bevor du auf die Welt kamst. Falls sie deine Geburt und deine Existenz für ihr Unglück verantwortlich machen, dann ist das nicht die Wahrheit. Es ist ihre Lebenslüge, ihr Versuch, sich ihr Unglück zu erklären. Du hast es ihnen geglaubt, weil du als Kind im Prinzip alles geglaubt hast, was dir Erwachsene erzählt haben. Jetzt ist es an der Zeit, die Wahrheit zu verstehen.

In einer Familie bekommt jeder eine Rolle zugeteilt. Da gibt es die Begabten, die Opfer, die Thronfolger, die Versager, die schwarzen Schafe, die Lieblinge, die Braven, die Rebellen, die Guten und die Bösen und viele andere mehr. Manchmal kannst du dir auch selbst eine Rolle aussuchen, aber in der Regel nur eine, die noch nicht besetzt ist. Von außen sieht das Ganze wie ein Theaterstück aus. Die Mitwirkenden in dem Stück sind sich dessen aber nicht bewusst und spielen ihre Rollen weiter, so, wie sie sie gelernt haben. Dieses »Spiel« zu durchschauen, ist äußerst hilfreich.

Wenn du deine Rolle aufkündigst, werden die anderen wahrscheinlich ohne dich weiterspielen. Du kannst das Stück nicht ändern, aber deine Rolle darin. Manchmal geben die anderen dir einfach eine neue Rolle. Du bist dann die Verrückte, die Rebellin, die Verräterin oder die Spielverderberin (»Die Lucy war schon immer irgendwie komisch«). Darauf hast du wenig Einfluss. Schreib dir dein eigenes Leben, übernimm die Regie darin und werde zur Heldin deiner Wahl.

Wie jedes Familienmitglied so wurde, wie es ist

Als Kind wusste ich noch nicht, warum meine Verwandten sich so verhielten, wie sie es taten. Das Leben im Hier und Jetzt, wie es für ein Kind typisch ist, hat seine Nachteile. Kinder haben keine Vergangenheit, wenn man von den wenigen Jahren seit ihrer Geburt absieht, die Erwachsenen in der Familie aber schon. Und diese Vergangenheit hat sie geprägt. Nicht für alle Zeiten, wie manche meinen. Aber wenn ein Mensch nicht bewusst die in früheren Zeiten erworbenen Denk- und Verhaltensmuster ändert, bleibt er so, wie er ist. Sein Denken und Verhalten wird vorhersehbar. Man weiß dann schon, worüber sich jemand ärgert, wovor er Angst hat und was ihn oder sie traurig macht. Aber man weiß nicht, warum. Der Betroffene selbst weiß es in der Regel auch nicht. Sein Denken, Fühlen und Handeln sind ihm ein Rätsel.

Wo kommen die Gefühle her? Mit dieser Frage haben wir uns bereits beschäftigt. Das Denken bestimmt sowohl das Fühlen als auch das Handeln. Aber wo kommen die Gedanken her? Das lässt sich nicht mit Bestimmtheit sagen. Dazu müsste man die Vergangenheit einer Person genau kennen. Es ist auch nicht so wichtig, der Entstehungsgeschichte jedes einzelnen Gedankens nachzugehen; denn nur eine überschaubare Zahl von Überlegungen prägen das Denken und Fühlen eines Menschen. Jeder lässt sich von bestimmten Überzeugungen leiten. Diese sind verantwortlich für seine Entscheidungen.

Grundsätzlich könnte sich jeder Mensch seine Überzeugungen selbst bilden. Das ist aber anstrengend, denn dazu müsste man nachdenken, und das versuchen viele zu vermeiden. Wesentlich einfacher ist es, die Überzeugungen von anderen zu übernehmen. So kommt es, dass der Apfel nicht weit vom Stamm fällt, wie man sagt. Kinder eignen sich die Denkweise ihrer Umgebung an. Den größten Einfluss haben dabei die Eltern und andere Verwandte, bei denen ein Kind aufwächst. Spätere Einflüsse wie Kindergarten, Schule, Medien oder Freunde spielen auch eine Rolle, kommen aber gegen die Allgegenwart der Familie kaum an.

Wie man sich selbst, die Menschen, insbesondere die Familie, und wie man die Welt sieht, entscheidet sich schon in den ersten Lebensjahren. Antworten auf Fragen wie »Ist die Welt freundlich?« bilden sich nicht im abstrakten Raum, sondern konkret in der allernächsten Umgebung. Die Welt, das ist für ein Kind seine Familie. Dort bilden sich die Wahrnehmungsfilter, durch die man nach und nach alles andere betrachtet. Man sieht die Welt nicht mehr, wie sie ist, sondern so, wie man gelernt hat, sie zu sehen. Ich, das sind die anderen, jedenfalls zu einem großen Teil. Die zentralen Lernprozesse erfolgen in einem Alter, in dem man alles aufsaugt wie ein Schwamm. Dieser überlegt auch nicht, ob es für ihn gut oder schlecht ist, aufzunehmen, womit er in Berührung kommt.

Doch je älter man wird, desto besser kann man darüber nachdenken, in was für einer Familie man lebt und wie jedes Familienmitglied so wurde, wie es ist. Mit der Zeit verfügt man über immer mehr Informationen über die Eltern, deren Eltern und Geschwister sowie alle anderen Verwandten. Man kennt die Familiengeschichte nicht nur aus einer Quelle, sondern aus verschiedenen. Dabei fällt einem auf, dass die Erzählungen zum Teil erheblich voneinander abweichen. Über bestimmte Dinge wird nicht gesprochen. Warum nicht? Es ist spannend, hinter die Familiengeheimnisse zu kommen.

Wer spricht miteinander, wer nicht?

Ich erinnere mich, dass ich als Kind lange Zeit einfach nur beobachtet habe. Ich habe mir die Geschichten meiner Verwandten angehört und die vorhandenen Familienfotos betrachtet. Mit der Zeit entstand ein immer besseres Bild von meiner Familie.

Besonderen Wert legte ich auf die Fakten, weniger darauf, wie die Einzelnen sich und die anderen sehen wollten. Was sie erzählten, passte nicht unbedingt zu meinen Beobachtungen. Im Zweifel gab ich den Tatsachen den Vorzug, nicht den Geschichten über die Tatsachen.

Meine Mutter zum Beispiel vergötterte in ihren Erzählungen ihre eigene Mutter. Doch die Realität, so wie ich sie erkannte, war eine andere. Aus meiner Sicht hat meine Großmutter ihre Tochter stark vernachlässigt. Die Gründe dafür waren keine böse Absicht, sondern den harten Lebensbedingungen der damaligen Zeit geschuldet. Das Bild meiner Mutter von ihrer Mutter war stark von Sehnsucht geprägt. Sehnsucht blieb ein bestimmendes Motiv im Leben meiner Mutter. Wie ist das in deiner Familie? Weiß du, wie jeder so wurde, wie er ist?

Verstehen allein reicht nicht

Verständnis für die einzelnen Familienmitglieder hilft, sie milder zu sehen. Sie hatten es nicht leicht in ihrem Leben, taten, was sie zum jeweiligen Zeitpunkt für das Beste hielten, und litten selbst darunter. In einer toxischen Familie gibt es keine Gewinner. Die kleinen und großen Gehässigkeiten, die ewigen Streitereien, die Verbreitung von schlechter Stimmung, die nutzlosen Machtkämpfe, das Tuscheln hinter dem Rücken der anderen und die vielen weiteren Gemeinheiten schaden auf Dauer allen. Jeder verliert dabei. Deshalb gibt es keine Alternative dazu, sich von der toxischen Familie zu lösen.

Du kannst dich noch so sehr um Verständnis bemühen. Dabei begreifst du immer besser, warum jeder so denkt, fühlt, redet und handelt, wie es für ihn oder sie typisch ist. Doch Verständnis allein ändert nichts. Das toxische Verhalten setzt sich ungebremst fort. Nur weil einer den anderen versteht, bedeutet das nicht, dass alle plötzlich bereit wären, verträglicher miteinander umzugehen. Einsicht zieht keinen Schlussstrich unter eine unheilvolle Familientradition.

Man sagt, Einsicht sei der erste Schritt zur Besserung. Das stimmt zweifellos. Aber es ist eben nicht der einzige und nicht der letzte Schritt, der dafür nötig ist. Die Einsicht müsste von den anderen Familienmitgliedern geteilt werden. Und dann begänne für alle der lange und schwierige Veränderungsprozess.

Die Psychoanalyse und überhaupt die frühen Psychotherapien waren von der Vorstellung beherrscht, dass Einsicht gleichbedeutend mit Veränderung sei. Diese Erwartung hat sich jedoch nicht erfüllt.

Noch heute erhoffen sich viele Menschen, die an therapeutischen Prozessen beteiligt sind, sehr viel von Einsichten. Sie glauben, wenn die Ursachen für die bestehenden Probleme erkannt seien, stünde der Veränderung nichts mehr im Weg. Schön wäre es! Doch leider gehört mehr dazu, als nur über die Dinge nachzudenken, Einsichten zu gewinnen und immer wieder darüber zu reden.

Oft fehlt auch der wirkliche Wille zur Veränderung. Es ist leichter, einfach so weiterzumachen wie gewohnt. Außerdem bringt toxisches Verhalten manchmal kurzfristige Gewinne, auch wenn am Ende die Verluste überwiegen. So empfinden es viele als befriedigend, ihrem Ärger Luft zu machen und dabei mit Beleidigungen und Drohungen nicht zu sparen. Die Rechnung dafür erhalten sie erst später. Aber dann ist es zu spät. Das heißt nicht, dass Ärger und seine Äußerung grundsätzlich falsch wären. Nur kommt er in toxischen Familien zu häufig vor, und die Worte, ihn auszudrücken, sind zu giftig.

Neben dem Willen fehlt häufig auch das Know-how, wie eine Änderung zu erreichen ist. Zum Beispiel müssten manche Menschen erst lernen, ihren Ärger angemessen zu äußern oder nicht immer andere für ihre Probleme verantwortlich zu machen. Das setzt neue Denk- und Kommunikationsmuster voraus. Diese entstehen nicht von allein.

Deshalb kommen die meisten irgendwann an den Punkt, an dem sie erkennen: Verständnis allein reicht nicht.

Was du sofort tun kannst

Dies ist einer der leichtesten Schritte in diesem Programm, weil er dich nicht in Konfrontation zu deiner toxischen Familie bringen kann. Ganz im Gegenteil, indem du deine Eltern, Geschwister und andere besser verstehst, entwickelst du mehr Gelassenheit ihnen gegenüber. Du merkst nämlich, wie wenig deren giftiges Verhalten mit dir zu tun hat. Sehr viel Gift stammt aus ihrer Vergangenheit. Mag sein, dass du dich inzwischen in ihr Spiel verstrickt hast und deinen Teil dazu beiträgst. Dennoch bist du immer nur ein Teil ihres Lebens gewesen.

Du könntest einmal deinen Blickwinkel verändern und das Leben der Familienmitglieder, mit denen du am meisten negativ verbunden bist, aus deren Perspektive betrachten. Am besten machst du das für jede Person extra:

- Was weißt du beispielsweise über deine Mutter (ihre Eltern, Geschwister, ihre Kindheit, Jugend, Schulzeit, berufliche Entwicklung, ihre Träume, Traumata wie Todesfälle, Krankheiten, Unfälle, ihre größten Freuden, ihre Erfolge und Niederlagen), was über deinen Vater oder andere Verwandte?

- Schau dir vielleicht entsprechende Fotos dazu an. Betrachte die jeweilige Person, als wüsstest du nichts über sie. Welchen Eindruck macht sie auf dich?
- Hilfreich kann auch ein Stammbaum deiner Familie sein. Diesen kannst du ganz einfach auf einem Blatt Papier oder mit einer Computergrafik erstellen. Über wen weißt du am meisten? Über wen am wenigsten? Versuch mehr über die Unbekannten herauszufinden!
- Überleg dir ergänzend, in welche Zeit die jeweilige Person hineingeboren wurde. Was passierte um sie herum? War die Zeit friedlich oder krisenhaft? Was waren die typischen Probleme dieser Generation? Was wusste oder besaß man damals im Allgemeinen nicht?
- Wie könnten sich all diese Einflüsse im Zusammenleben mit dieser Person auf dich ausgewirkt haben?
- Schau dir deine eigene Biografie in Ruhe an (deine Kindheit, Jugend, Schulzeit, berufliche Entwicklung, deine Träume, Traumata wie Todesfälle, Krankheiten, Unfälle, deine größten Freuden, deine Erfolge und Niederlagen).
- Inwieweit passt du in deine Familie? Was hast du mit ihr gemeinsam? Worin unterscheidest du dich sehr?
- Was hast du von deiner Familie übernommen, was nicht?

Es geht darum, dass du etwas Detektivarbeit über dich und deine Familie betreibst. In der Tat könntest du überraschende Entdeckungen machen und wichtige neue Einsichten gewinnen!

Vierter Schritt: Das zukünftige Verhältnis zu deiner toxischen Familie festlegen

Die Unverbesserlichen

Zugegeben, in manchen toxischen Familien geschieht ein Wunder. Die Eltern, Kinder, Geschwister, Onkel, Tanten und Großeltern fangen an, sich zu lieben. Wie das geht? Nun, es gibt ja auch sechs Richtige im Lotto. Nach der Wahrscheinlichkeitsrechnung ist die Möglichkeit eines Haupttreffers gering, aber nicht auszuschließen. So auch bei toxischen Familien. Dass diese sich komplett wandeln, ist unwahrscheinlich, aber in seltenen Fällen möglich. Eher kommt es vor, dass zwei Verwandte beginnen, sich zu mögen, die sich vorher ablehnten.

Ich habe es im Coaching schon erlebt, dass es einer Klientin gelungen ist, ihr Verhältnis zu ihren Schwiegereltern so zu verbessern, dass Besuche bei diesen nicht mehr unerträglich, sondern okay waren. Die große Liebe wurde es nicht, aber friedliche Koexistenz ist auch schon viel wert.

Noch öfter habe ich jedoch mein ganzes Leben lang beobachtet, dass sich in den Familien meiner Freunde, Bekannten, Nachbarn, Kollegen und so weiter wenig veränderte, weder im Guten noch im Schlechten. Das heißt, diejenigen, die sich gut verstanden, taten dies weiterhin, die anderen, die sich nicht leiden konnten oder einander gleichgültig waren, blieben ebenfalls dabei.

Deshalb lautet meine Prognose: Toxische Familien sind unverbesserlich. Was? Habe ich nicht vorhin gesagt, jeder könne dazulernen und sich ändern? Glaube ich etwa nicht an das Gute im Menschen? Aus meiner Sicht besteht hier kein Widerspruch. Ich glaube, dass auf jeden Topf ein Deckel passt. Jede und jeder kann Menschen finden, die zu ihm oder ihr passen und mit denen er oder sie glücklich werden kann. Das bedeutet aber nicht, dass jeder mit jedem kann.

Oft ist es leichter, eine eigene Familie zu gründen oder sich eine Wahlfamilie zu suchen, als mit der Herkunftsfamilie gut zurechtzukommen.

Es ist ja zum Glück nicht so, dass alle Familien unglücklich sind. Viele Menschen fühlen sich wohl unter ihren Verwandten, vielleicht nicht mit jedem gleich wohl, aber wenigstens so im Großen und Ganzen. Das ist wunderbar. Wo das leider nicht der Fall ist, besteht die Möglichkeit, eine neue Gemeinschaft zu gründen. Es muss nicht immer die Familie sein, in der man groß geworden ist. Darauf zu bestehen, macht keinen Sinn.

Trotzdem versuchen manche, aus ihrer toxischen Familie eine intakte zu machen. Dieser Versuch liegt nahe. Warum soll man es nicht probieren? Ich habe mich auch darum bemüht – vergeblich. Es wächst zusammen, was zusammengehört. Umgekehrt bedeutet es, dass sich trennt, was nicht zusammenpasst. Pech, aber so ist es!

Vergebliche Versuche, die Familienmitglieder zusammenzubringen und auszusöhnen, habe ich öfter beobachtet. Einige Menschen sind beseelt von der Vorstellung, dass die Harmonie in der Welt in der eigenen Familie beginnen müsse. Dort scheint dies aber gerade am schwersten zu sein. Man kann noch so sehr an Vergebung glauben, Nächstenliebe predigen oder das buddhistische Ideal der Allgüte beschwören: In der Realität sind alle Versuche, die ich gesehen habe, gescheitert. Am Ende waren alle so unversöhnlich wie zuvor.

Wenn ich davon spreche, die Beziehungen zu deinen Verwandten zu entgiften, meine ich damit erst einmal nur dich: dass es dir gelingt, innerlich deinen Frieden mit deiner Familie zu schließen, egal wie toxisch sie ist.

Erwarte nicht, dass deine Familie sich zum Besseren verändert. Sie wird es vermutlich nicht tun, und das nervt dann nur noch mehr. Die meisten Menschen überschätzen dabei ihre Möglichkeiten. Bring lieber zuerst dein Leben in Ordnung. Lerne dich selbst lieben, und lerne, echte Freundinnen zu finden. Das ist schon schwer genug. Wenn du dann noch Energie übrig hast, kannst du versuchen, schwierige Beziehungen zu heilen. Nicht selten ist es sogar von Vorteil, die alten Familienbeziehungen eine Zeit lang ruhen zu lassen. In einigen Fällen ist später ein gewisser Neuanfang möglich. Aber auch dahingehend würde ich meine Hoffnungen nicht zu hoch schrauben. Ich kennen rührende Geschichten, wo sich beispielsweise Vater und Sohn wenige Monate vor dem Tod des Vaters zum ersten Mal in ihrem Leben nähergekommen sind. Ich würde niemals bestreiten, dass es so etwas gibt. Aber sind solche Geschichten nicht gerade deshalb so berührend, weil sie so selten vorkommen?

Wenn du dich änderst und dich innerlich und vielleicht auch äußerlich von einigen oder allen deinen Verwandten löst, wird der Rest der Familie einfach so weitermachen wie bisher, nur eben ohne dich.

Innerlich auf Abstand gehen

Wenn du feststellst, dass deine Familie unverbesserlich zu sein scheint und du an ihrer Toxizität nicht teilhaben möchtest, bleibt dir nur die Möglichkeit, auf Distanz zu gehen.

Normalerweise beginnt dies damit, dass du innerlich auf Abstand gehst. Solange du noch innerhalb der Familie lebst, ist das ohnehin die einzige Alternative, ebenso wenn du in der Nähe deiner Verwandten wohnst oder aus irgendwelchen Gründen häufig Kontakt mit ihnen hast.

Man kann die toxische Familie nicht immer sofort verlassen. In diesem Fall kannst du lernen, so zu leben, dass die Giftigkeit dich innerlich wenig berührt und du inmitten deiner Familienmitglieder so weit wie möglich aufblühst.

Eventuell musst du dich dann mit der Frage auseinandersetzen, ob du glücklich sein darfst, obwohl deine Verwandten es nicht sind. Oft sprechen wir uns das Recht auf Glück ab, wenn andere leiden. Dahinter steht leider ein Missverständnis von Mitgefühl und Mitleid. Mitgefühl bedeutet, dass wir uns nicht gleichgültig zeigen, wie es anderen geht. Wir würden es vorziehen, wenn andere auch glücklich sein und sich helfen lassen möchten, doch wenn diese das ablehnen, ergibt es keinen Sinn, sich selbst deshalb unglücklich zu machen. Was wäre damit gewonnen? Nichts, außer dass jetzt noch ein Mensch mehr unglücklich wäre. Das wäre eine seltsame Moral.

Mitleid weist in die gleiche Richtung. Wir sollen uns nicht unempfindlich zeigen, wenn es jemandem schlecht geht. Wir spüren, dass dieser Mensch unglücklich ist. Genauso unglücklich zu sein wie er oder ihn sogar noch darin übertreffen zu wollen, wäre jedoch grundverkehrt. Wir können anderen nur dann wirksam mit Rat und Tat zur Seite stehen, wenn wir im Vollbesitz unserer Kräfte sind. Leid schwächt. Daher ist es sogar unsere Aufgabe, selbst stark zu bleiben, so glücklich und gesund wie möglich. Sonst sind wir schwache Helfer. Es besteht daher kein Grund, in einer toxischen Familie unglücklich zu bleiben.

Dass deine Familie toxisch ist, merkst du, bevor du erwachsen bist. Bis du ausziehst, musst du dich also auf irgendeine Weise mit deinen Verwandten arrangieren. Indem du innerlich auf Abstand gehst, beschäftigst du dich nicht mehr die ganze Zeit mit deinen Familienmitgliedern, obwohl du noch mit ihnen zusammenwohnst.

Trennungsprozesse haben ihre eigene Dynamik. Die innere Trennung geht der äußeren häufig voraus. Wieweit sie noch mit ihrer Familie verbunden sind, merken viele Menschen oft erst, nachdem sie schon längst ausgezogen sind. Nicht selten ist es auch erst zu diesem Zeitpunkt möglich, sich in vollem Umfang einzugestehen, wie sehr man unter seiner toxischen Familie gelitten hat. Das ist eine normale Reaktion auf das, was passiert ist.

Wichtig ist nur, dabei nicht stehenzubleiben. Sonst wird man einer von denen, die zeit ihres Lebens darüber klagen, wie schlimm ihre Kindheit und ihre Familie waren. Solche Klagen sind verständlich, aber trotzdem ein ernstes Hindernis auf dem Weg zum Glück.

Begegnungen einschränken

Das zukünftige Verhältnis zu deiner toxischen Familie festzulegen, schließt mit ein, dir darüber klar zu werden, wie viel Kontakt du noch mit wem haben willst. Wie oft willst du die Mitglieder deiner Familie noch sehen, mit ihnen reden, mit ihnen Geburtstage und andere Feste feiern und gemeinsam mit ihnen etwas unternehmen?

Selbst wenn man in ihrer Nähe lebt, ist es möglich, die Kontakte einzuschränken; denn darauf wird es in vielen Fällen hinauslaufen: sich seltener zu sehen und weniger miteinander zu reden.

Eigentlich ist das etwas, was im Laufe des Ablösungsprozesses von der Herkunftsfamilie normalerweise sowieso geschieht. Man lebt zunehmend sein eigenes Leben, findet Freundinnen und Partner und gründet meistens eine eigene Familie. Für toxische Familien ist es dagegen typisch, gerade nicht loszulassen. Nicht wenige Eltern verlangen von ihren erwachsenen Kindern regelmäßige Besuche, am Wochenende oder sogar täglich, mindestens aber Telefonate. Die Betonung liegt auf dem Wort »verlangen«. Es ist nämlich nicht unbedingt so, dass das Bedürfnis gegenseitig besteht. Vielmehr erheben die Eltern Anspruch darauf, ihre Kinder weiter häufig zu sehen. Wäre es eine gesunde Beziehung, wäre ein beiderseitiges Bedürfnis, sich zu sehen und miteinander zu reden, gegeben, und zwar so oft oder so selten, wie es für die Beteiligten passt. Das ist die Bedeutung des Wortes »loslassen«. Nicht immer stimmen die Bedürfnisse nach Kontakt überein. Manchmal hätten die Eltern gerne mehr Kontakt zu ihren Kindern. Diese sind aber zu beschäftigt mit ihren eigenen Angelegenheiten. Ich habe jedoch auch schon erlebt, dass die Kinder sich mehr Kontakt zu ihren Eltern wünschten. Doch diese hatten nicht mehr so viel Zeit für sie. Das ist normal im Leben. Es passt nicht immer so, wie man es sich wünscht. Aber dass Eltern darauf bestehen, besucht zu werden, ist nicht normal, sondern zeugt von einem ungesunden Machtanspruch. Ob die Treffen harmonisch verlaufen, spielt dann gar keine Rolle mehr. Es geht nur um die Besuche an sich. Haben die Eltern noch Macht über ihre Kinder oder nicht? Das ist die Frage, denn der Verlauf der Besuche würde meist allen nahelegen, sich seltener zu sehen. Was bringt es, sich immer wieder zu streiten und dieselben alten Geschichten aufzuwärmen? Trotzdem kann sich dies ein Leben lang fortsetzen, wenn nicht eine Seite aus den toxischen Verhältnissen aussteigt.

Weshalb ist das so? Warum beugen sich längst erwachsene Kinder immer noch ihren Eltern?

Es liegt nicht an dem, was die Eltern sagen oder tun, sondern daran, was die Kinder darüber denken. Wir kommen also auf das ABC der Gefühle und des Verhaltens zurück. Welche Gedanken bestimmen, inwieweit Kinder weiter Kontakt mit ihrer toxischen Familie haben? Es sind Ideen, die schon früh in das Denken implementiert werden, so oft, dass daraus automatische Denkgewohnheiten entstehen, die nicht mehr infrage gestellt werden. Solche Denkmuster existieren nicht nur in einzelnen Familien, sondern bestehen als Traditionen in ganzen Gesellschaften fort. Dies macht es noch schwerer, sich davon zu lösen. Man muss dann nicht nur mit dem Widerstand der Familie, sondern auch anderer Personen rechnen, die blind der Tradition folgen.

Schauen wir uns einige Grundüberzeugungen an, die das Verhältnis zwischen Kindern und Eltern bestimmen:

1. »Du sollst deinen Vater und deine Mutter ehren, auf dass du lange lebest in dem Lande, das dir der Herr, dein Gott, geben wird.« (2. Mose 20,12)
   Dieses biblische Gebot fährt schweres Geschütz auf. Nicht nur, dass dieses Gebot unbedingt gilt, also unabhängig vom Verhalten der Eltern zu ihren Kindern, sondern mit ihm ist eine unverhohlene Drohung verbunden. Wer ge-

gen dieses Gebot verstößt, wird nicht lange leben, jedenfalls nicht in Gottes Land. Puh, das ist echt krass!
Selbst wer längst aus der Kirche ausgetreten ist oder niemals in einer war, kennt dieses Gebot. Es muss einem nicht einmal bewusst sein. Seine Wirkung beherrscht traditionell die Familien.

2. »Aber es ist doch deine Familie!«
Dieser Satz stellt die säkularisierte Fassung des oben genannten religiösen Gebotes dar. Selbst überzeugte Atheisten halten häufig daran fest, dass man die Familie mit anderen Maßstäben zu beurteilen hat als andere Menschen. Dies zeigt eindrücklich die Wirkmacht von Traditionen. Es ist doch die Familie! Na und? Würdest du dir Vergleichbares von einem Fremden gefallen lassen? Warum dann von deiner Familie? Bedeutet Familie, Dinge zu akzeptieren, die man sonst niemals hinnehmen würde? Egal, wie toxisch: Hauptsache, es ist die Familie?

3. »Vielleicht bereue ich es später, wenn ich meine toxische Familie zurückweise.«
Mag sein, aber vielleicht bereut man es später erst recht, wenn man weiter zur Familie gehalten hat, obwohl diese eindeutig toxisch ist.

Ein Teil von uns wird immer bedauern, wenn die Familie so giftig ist, dass ein weiterer Kontakt mit ihr im bisherigen Umfang ausgeschlossen ist. Dieses Bedauern bezieht sich jedoch im Grunde auf die Familie, wie sie sein könnte, wenn sie nicht toxisch wäre. Mit anderen Worten: Die Trauer bezieht sich auf eine Illusion. Die real existierende Familie, in der man aufgewachsen ist, ist unerträglich. Diese Erkenntnis ist hart, aber heilsam. Dass gesunde Familien ein Segen sind, bleibt dabei unbestritten. Daraus kann der tiefe Wunsch erwachsen, so eine Familie zu finden oder zu gründen.

Die Begegnungen mit der Herkunftsfamilie eingeschränkt zu haben, wird man später nicht bedauern, wenn man die Gründe dafür in Erinnerung behält. Diese sollte man sich genau überlegt haben. Dann wird die angedrohte Strafe ausbleiben. Angemerkt sei, dass eine gewisse Achtung oder Anerkennung für die Eltern erhalten bleiben kann, obwohl man den Kontakt einschränkt. Manchmal ist die geforderte Ehrerweisung sogar nur unter diesen Umständen möglich, weil ein Rest an Anerkennung und Dankbarkeit sonst vielleicht völlig zerstört würde.

So gesehen, kann die Distanzierung für alle Beteiligten das Beste sein. Es wird kein Öl mehr ins Feuer gegossen. Es ist ein Schritt zur Entgiftung der Beziehungen.

Die toxische Familie verlassen

Weitergehend, als die Begegnungen einzuschränken, ist der Schritt, die toxische Familie ganz zu verlassen. Dafür kommen drei Alternativen infrage:

1. den Kontakt zur Familie zeitweise abzubrechen,
2. den Kontakt für immer abzubrechen und
3. die toxische Familie innerlich loszulassen.

Auch wenn die ersten beiden Alternativen notwendig sein können, ist die dritte die wichtigste. Soweit die Familie über die erworbenen Denk-, Gefühls- und Handlungsmuster immer noch das Leben bestimmt, ist es von geringer Bedeutung, wie weit man sich äußerlich von ihr entfernt hat.

Da ich diesen Punkt auch an anderen Stellen des Buchs behandle, hier nur so viel:

Es ist unmöglich, die gemeinsame Zeit aus der Erinnerung zu löschen, auch wenn viele sich dies wünschen. Dieser Wunsch ist verständlich, aber seine Erfüllung überhaupt nicht nötig, um ein glückliches Leben zu führen. Es kommt darauf an, ob man die gemeinsame Zeit nur erinnert oder sich von ihr bestimmen lässt. Ein Teil von einem wird noch lange oder vielleicht sogar für immer wütend, ängstlich oder depressiv werden, wenn alte Erinnerungen auftauchen. Entscheidend ist, wie man darauf reagiert. Man hat nämlich die Wahl, entweder in den Gedanken und Gefühlen, die aus der Vergangenheit hochkommen, steckenzubleiben oder sie freundlich zur Kenntnis zu nehmen und sein Leben fortzusetzen.

Vielen ist nicht bewusst, dass diese Wahlmöglichkeit besteht. Sie wehren sich gegen die schlechten Erinnerungen, was leider bedeutet, sich länger mit ihnen zu beschäftigen als nötig. Gleichzeitig fühlen sie sich oft von ihren Gedanken und Gefühlen überwältigt. Das kann vorübergehend passieren, muss aber keine anhaltende Erfahrung werden. Indem man sich bewusst macht, dass es sich nur um Gedanken und Gefühle handelt und diese weder gefährlich noch bestimmend sind, verlieren sie ihre Macht über einen. Es ist möglich, den Fokus bewusst auf sein neues Leben zu lenken und damit fortzufahren. Wenn man darin konsequent ist, verblassen die alten Gedanken und Gefühle immer mehr. Das braucht Zeit und Übung, führt aber zum gewünschten Erfolg.

Die Erinnerungen an die eigene Familie komplett zu löschen, wäre in den meisten Fällen auch übertrieben, weil damit die schönen Dinge, die es vielleicht auch gab, ebenfalls dem Vergessen preisgegeben würden. Den Kontakt zeitweise abzubrechen, kann sehr sinnvoll sein. Erstens lässt sich diese Strategie kaschieren, indem man einfach eine Zeit lang nicht erreichbar ist bzw. sich nicht meldet. Sie bedeutet keine endgültige Festlegung.

Zweitens ist so eine Auszeit sehr erholsam. Wie Urlaub von der toxischen Familie! Wenn er einem gefällt, kann man diesen problemlos verlängern.

Ich habe das vorübergehend mit meiner Mutter so gemacht. Direkt war ich am Telefon nicht mehr zu erreichen. Wann und wie ich auf Anrufbeantworter- oder Sprachboxansagen reagieren wollte, konnte ich nach einer Bedenkzeit selbst entscheiden.

In dieser Phase nahm ich gerade Therapiestunden. Als ich meinem Therapeuten von meiner Abwimmelstrategie erzählte, befand er, ich hätte da noch ein ganz dickes Problem. Ich sah das anders. Eine Lösung ist eine Lösung ist eine Lösung. Sie funktionierte für mich perfekt.

Zufällig wusste ich, dass jedenfalls mein Therapeut ganz dicke Probleme mit seinem Vater und mit seiner Ehefrau hatte. Sollte er erst einmal vor seiner eigenen Haustür kehren! Kurz danach habe ich den Kontakt für immer abgebrochen – zu ihm!

Die Familie für immer zu verlassen, klingt dramatischer, als es ist. Wenn die Familie höchst toxisch ist, entsteht durch den Weggang kein Verlust, sondern ein Gewinn. Endlich hat man die Chance, sich voll auf einen Neubeginn zu konzentrieren.

Natürlich kann die Freiheit anfangs auch beängstigend sein. Selbst eine toxische Familie vermittelt eine gewisse Vertrautheit. Doch der Preis dafür ist zu hoch. Eine Übergangsphase mit Unsicherheit ist normal. Das legt sich, je besser es gelingt, sich ein neues, unabhängiges Leben aufzubauen.

Dabei fällt mir eine Mitschülerin ein, die sich sehr früh entschieden hat, ihre Familie zu verlassen. Mitten im Schuljahr wechselte sie vom Gymnasium auf eine Hauptschule. Sie wollte unbedingt nach der neunten Klasse die Schule beenden, eine Ausbildung beginnen, Geld verdienen und sich eine eigene Wohnung leisten. Sie hielt es zu Hause nicht mehr aus. Ihr Abitur wollte sie später nachholen.

Ich war perplex. Mit fünfzehn Jahren so weitreichende Entscheidungen zu treffen, ist selten. Das Ganze erinnerte mich an den Beatles-Song *She's Leaving Home*, in dem die Eltern die Entscheidung ihrer Tochter, sie zu verlassen, nicht verstehen. Sie wissen nicht, was sie falsch gemacht haben. Was sie ihr nicht bieten konnten, war Lebensfreude. Diese hatten sie ihr jahrelang vorenthalten.

So schien es mir bei meiner Mitschülerin auch zu sein. Ich kannte sie und ihr Zuhause ein wenig. Ihr Lebensentwurf unterschied sich von dem ihrer Eltern grundlegend. Sie wollte frei sein. Ihr Elternhaus war bedrückend. Es bot kein Klima, in dem sie sich entfalten konnte. Daraus so früh die Konsequenzen zu ziehen, war radikal. Sie ging Risiken ein, die die allermeisten scheuen. So wie ich sie kennengelernt habe, traue ich ihr zu, dass sie später nicht nur das Abitur bestanden, sondern auch alle anderen Prüfungen auf ihrem Weg gemeistert hat.

Ohne Drama

Ich will nicht den Eindruck erwecken, als ob es ein Kinderspiel sei, dieses Programm in die Tat umzusetzen. Da aber alle Punkte darauf abzielen, jetzt und in Zukunft glücklicher zu leben, wäre es widersinnig, unnötige Dramen zu schaffen.

Unnötig heißt, alles zu unterlassen, was die Lage verschärfen könnte. Man kann nicht verhindern, dass andere in der toxischen Familie durchdrehen, aber man sollte dies nicht noch fördern. Und vor allem sollte man vermeiden, selbst ein Teil des Dramas zu werden.

Wenn eine Familie toxisch ist, so ist dies in gewisser Weise bereits dramatisch. Man ist in diese Familie hineingekommen, als sie bereits giftig oder jedenfalls die Basis dafür angelegt war. Als Kind kann man überhaupt nichts für den unglücklichen Zustand der Eltern, Geschwister, Großeltern, Tanten, Onkel, Cousinen und so weiter.

Dabei sollte man es belassen. Kein Öl ins Feuer gießen, so lautet die Devise. Denn wozu sollte dies gut sein? Doch sich danach zu richten, ist gar nicht so einfach. Die Versuchung, mit allen einmal gründlich abzurechnen, mag verlockend sein. *Zwölf Uhr mittags*, der große Showdown in der Mainstreet. Falls du diesen Klassiker der Westernfilme kennst, kannst du ihn dir gerne noch einmal ansehen, und wenn du ihn noch nie gesehen hast, sowieso.

Dramen sollten da bleiben, wo sie hingehören: auf der Theaterbühne oder im Film. Im richtigen Leben ergeben sie keinen Sinn. Denn es ist keine Kunst, Dramen zu kreieren. Im Gegenteil, jeder kann die Dinge immer noch schlimmer machen, als sie sind. Die Kunst besteht vielmehr darin, das Leben besser zu machen, zumindest das eigene.

Also keine Abrechnungen. Sie nützen nichts. Vielleicht fühlst du dich für einen kurzen Moment besser, aber später wirst du es wahrscheinlich bedauern. Abrechnungen sind in der Fantasie besser als in Wirklichkeit. Diejenigen, die du anklagst, werden dich vermutlich sowieso nicht verstehen. Sie werden sich verteidigen. Aus der großen Verurteilung und Bestrafung wird nichts.

In manchen Ländern, in denen noch die Todesstrafe verhängt wird, dürfen die Angehörigen der Opfer bei der Exekution der Täter anwesend sein. Ergebnis? Anstatt Genugtuung für das erlittene Unrecht zu verspüren, sind viele anschließend traumatisiert. Es ist nichts besser geworden, sondern nur schlechter. Vorher hatten diese Menschen schon Probleme, anschließend haben sie noch eines mehr. Das ist das Wesen von Dramen.

Dein zukünftiges Verhältnis zu deiner toxischen Familie festzulegen, machst du am besten ohne Zorn und Eifer. Wie du deine Gefühle beherrschen kannst, habe ich bereits beschrieben. Du brauchst dabei nicht perfekt zu sein. Es genügt, dass du es so gut machst, wie es dir im Moment möglich ist. Ein einfacher Trick dabei ist, in Gedanken durchzuspielen, wie du es dir wünscht. Aus der Theaterkunst kannst du dir eine Technik entleihen, die Schauspielerinnen anwenden. Tu einfach so, als ob. Du magst dir dabei genau so vorkommen wie eine Schauspielerin. Aber die Technik erfüllt ihren Zweck. Du regelst die Verhältnisse zu deiner Familie neu – ohne Drama.

Was du sofort tun kannst

Es gibt einiges, was du sofort tun kannst, zum Beispiel:

1. Aufhören, deine Eltern, Geschwister, Schwiegereltern, Großeltern, Tanten, Onkel, Cousinen, Neffen, kurz: deine Familie ganz oder teilweise ändern zu wollen.
   Spar dir deine Energie. Du brauchst sie, um dir ein besseres, glückliches Leben aufzubauen.

2. Nicht mehr alles persönlich zu nehmen.
   Es würde mich nicht überraschen, wenn die Menschen aus deiner Familie, mit denen du Probleme hast, die gleichen Probleme auch mit anderen haben. Du bist nämlich gar nicht gemeint. In deiner Familie laufen Muster ab, die bereits seit Generationen existieren, so lange, dass sich kaum noch zurückverfolgen lässt, wer einmal damit begonnen hat.
   Werde zum Beobachter dieser Muster, ohne dich weiter daran zu beteiligen.

3. Überleg dir, wie viel Kontakt du noch mit deiner toxischen Familie haben willst.
   Familienfeste, Besuche und Telefonate: Willst du das wirklich? Warum? Macht es dich glücklich?
   Wie du das neue Verhältnis zu deiner Familie verwirklichen kannst, erfährst du in den nächsten beiden Kapiteln.

4. Keine unnötigen Dramen mehr.
   Du kannst nicht erzwingen, was deine Verwandten denken, sagen und tun. Aber was dich persönlich angeht, kannst du einen Schlussstrich unter die bisherige Familiengeschichte ziehen und einen neuen Anfang machen.
   Das schließt ein: keine Abrechnungen, keine Rache, keine Beleidigungen, nicht einmal in Gedanken.
   Stattdessen: die Vision einer besseren Zukunft vor Augen haben, sie Schritt für Schritt verwirklichen, ohne deine toxische Familie bzw. nur mit den Verwandten, die du magst.

Fünfter Schritt: Sagen, was gesagt werden muss

Dein Recht auf Selbstsicherheit

In einer toxischen Familie lernt man nicht, selbstsicher zu sein, man lernt weder selbstsicher zu denken noch selbstsicher zu handeln noch selbstsicher zu reden noch sich selbstsicher zu fühlen. Vielmehr lernt man etwas anderes, nämlich aggressiv oder unterwürfig zu sein, oft sogar beides.

Beginnen wir mit den verbreiteten Formen menschlicher Kommunikation. Mit Kommunikation meine ich hier alle Umgangsformen, die andere beeinflussen wollen.

Wer sich aggressiv verhält, versucht damit, sich gegenüber anderen mit Einschüchterung und Gewalt durchzusetzen. Meist ist Einschüchterung das erste Mittel. Wenn das nicht zum Ziel führt, greifen nicht wenige zu Gewalt. Einschüchterung beinhaltet alles, was den anderen zum Nachgeben zwingen könnte, beispielsweise anschreien, wild gestikulieren, so tun, als würde man sich gleich auf den anderen stürzen, ihm drohen, mit einem Gegenstand vor ihm herumfuchteln, mit den Augen rollen, heftig atmen, anklagen, beschuldigen, Vorwürfe machen und Ähnliches. Während Einschüchterung darauf zielt, andere psychisch zu beeinflussen, umfasst Gewalt alle direkten körperlichen Angriffe wie schlagen, boxen, schubsen oder rütteln.

Unterwürfigkeit ist die häufigste Antwort auf Aggression. Man gibt nach, jedoch nicht aus innerer Überzeugung, sondern weil man Angst bekommen hat oder ein schlechtes Gewissen. Man signalisiert Rückzug, Demut und Ergebenheit. Der andere kriegt seinen Willen, wobei das Wort »kriegen« hier mit Bedacht gewählt ist. Aggression und Unterwürfigkeit sind Mittel des Kampfes und des Krieges. Der eine gewinnt, der andere gibt sich geschlagen, manchmal im wahrsten Sinne des Wortes.

Es dürfte klar sein, dass diese beiden Formen des Umgangs Beziehungen zerstören. Auch wenn die Beteiligten weiter zusammenleben, ist das Verhältnis zerrüttet. Wird mit den Mitteln der Aggression gestritten, bis einer die Waffen streckt, ist dieser Sieg vergiftet. Oft sinnt der Unterlegene auf Rache. Der Beziehungskrieg geht weiter. Aus dem Miteinander wird ein Gegeneinander. Die Begegnungen sind angespannt. Die Atmosphäre ist giftig.

Aggression und Unterwürfigkeit gehören zusammen. Wer kämpft, muss beides können, aggressiv sein, um zu gewinnen, und unterwürfig im Fall der Niederlage. In manchen Beziehungen halten sich Sieg und Niederlage in etwa die Waage, in anderen steht nach einiger Zeit fest, wer der Stärkere ist und wer der Schwächere.

Selbstsicherheit ist die Alternative hierzu. Während Aggression und Unterwürfigkeit allein mit Macht zu tun haben, basiert Selbstsicherheit auf Rechten. Es sind keine niedergeschriebenen Rechte. Sie werden weder von einer Fürstin verbrieft noch von einem Parlament als Gesetz verabschiedet. Man kann weder die Polizei noch das Militär rufen, um sie durchzusetzen. Vielmehr muss man sich diese Rechte selbst nehmen und sie allein durchsetzen. Das macht es etwas schwierig, aber mit Mut und Können kann jede und jeder selbstsicher werden.

Welche Rechte gilt es gegenüber seinen Mitmenschen zu behaupten? Hier die wichtigsten:

1. Du hast das Recht, du selbst zu sein.
   Was du denkst, fühlst und tust, ist deine Sache. Du stehst dafür gerade und trägst selbst die Folgen. Zwar können andere ihre Meinung dazu äußern, so wie du das umgekehrt auch darfst, aber niemand hat dir vorzuschreiben, was du zu denken, zu fühlen und zu tun hast. Es ist dein Leben, und du darfst damit machen, was du willst. Dein Lebensglück, der Sinn deines Lebens und dein eigenes Gewissen stehen auf dem Spiel. Niemand weiß so gut wie du, was du brauchst, um glücklich zu sein, Erfüllung zu finden und dir im Spiegel ins Gesicht schauen zu können.
   Familien wollen oft, dass jeder so wird wie der andere. Abweichungen davon werden nur in engen Grenzen zugelassen. Es wird behauptet, dies erleichtere das Zusammenleben. In Wirklichkeit erschwert es das. Jeder braucht Raum für die eigene Entfaltung. In der Natur herrscht Vielfalt. Das Universum ist kreativ und bringt eine Fülle verschiedener Formen hervor. An diese Stelle setzen toxische Familie Einfalt, Enge und Intoleranz.

2. Du musst dich nicht dafür entschuldigen, wie du bist. Du brauchst dich nicht dafür zu rechtfertigen.
   Deine Bedürfnisse sind nicht unbedingt die Bedürfnisse deiner Familie. Wenn du gerne warm duschst, während alle anderen ein Eisbad bevorzugen, dann ist das deine

Sache. Die einen frieren leicht, und die anderen schwitzen schnell. Das ist kein Grund, einander Vorschriften zu machen und Rechtfertigungen oder Entschuldigungen zu verlangen.

3. Du darfst deine Meinung ändern.
   Dass du eine eigene Meinung haben darfst, ist sowieso klar. Aber du darfst sie auch jederzeit und immer wieder ändern, so wie es dir passt.
   Du darfst nicht nur eine Meinung haben, sondern viele. Heute die und morgen eine andere.
   Einige möchten dich auf einen Standpunkt festlegen und unterstellen dir Widersprüche. Dann darfst du sagen: »Das war gestern.« Oder: »Das war in einem anderen Zusammenhang.«

4. Du darfst Fehler machen.
   Unsere Eltern und Lehrer versuchen oft, uns Fehler abzugewöhnen, obwohl sie selbst so viele machen, in der Schule und im Leben. Ein toxisches Familienklima zu schaffen, ist beispielsweise ein sehr großer Fehler.
   Lass dir von niemandem einreden, du müsstest perfekt sein. Irren ist menschlich, Fehler machen auch.

5. Du darfst sagen: »Das ist mir egal.«
   Dieses Recht schützt vor allen Versuchen, dir ein schlechtes Gewissen zu machen. Emotionale Erpressung ist in toxischen Familien ein beliebtes Mittel der Manipulation. »Was soll aus mir werden, wenn du weggehst?« »Denkst du überhaupt nicht an deine kranke Mutter?« »Du bist so

> egoistisch.« »Ich leide darunter, dass du mich nicht mehr besuchst und nicht anrufst.«
> Du darfst sagen – wenn dies klug ist – oder jedenfalls denken: »Das ist mir egal.«
> Und was ist, wenn das jeder so macht? Du ahnst wahrscheinlich die Antwort.

Erst wenn du deine Rechte kennst, kannst du sie geltend machen. Das gilt für dein Recht auf Selbstsicherheit wie für deine verfassungsmäßigen und gesetzlichen Rechte.

Anmerkung:
Natürlich befreit dich das Recht auf Selbstsicherheit nicht von gesetzlichen Pflichten, im Übrigen auch nicht von Naturgesetzen wie der Schwerkraft. Das sind Selbstverständlichkeiten, die in diesem Zusammenhang nicht erörtert werden müssen. Hier reden wir von Manipulation und moralischer Erpressung, und die darf man allemal zurückweisen.

Keine Rechtfertigungen, keine Entschuldigungen

In toxischen Familien ist eine Begegnung auf Augenhöhe unmöglich. Es besteht immer ein Machtgefälle oder, wenn man so will, eine Hackordnung. Die älteren Geschwister bestimmen über ihre jüngeren Brüder und Schwestern, in Ausnahmefällen hat auch mal ein jüngeres Kind eine Sonderrolle und darf den anderen sagen, wo es langgeht. Bei wem die größte Macht liegt, ist leicht festzustellen. Es ist die Person, die die letzten Entscheidungen trifft. Die anderen müssen sich beugen.

Machtmittel gibt es viele. Das kann wie bei Geschwistern einfach mehr Kraft sein. Die Statur und das Körpergewicht spielen dabei eine Rolle. (Nicht zufällig legen Politiker häufig Wert drauf, »imposante Erscheinungen« zu sein.) Mut und Entschlossenheit können bis zu einem gewissen Grad körperliche Schwäche wettmachen. Natürlich sind auch die Eltern ihren Kindern viele Jahre lang körperlich überlegen.

Die Überlegenheit kann sich auch aus geistigen und emotionalen Faktoren ergeben. Manche geben schneller auf, einige nie. Wer ängstlich ist, hat in einem Machtgefüge von vornherein schlechte Karten. Ein flottes Mundwerk kann ebenfalls einen Vorsprung vor anderen verschaffen. Stark argumentieren zu können, ist dort von Vorteil, wo Argumente zählen. Gegen Körperkraft können diese allein wenig ausrichten.

Wer das Geld hat, bestimmt. Auch dieser Grundsatz wirkt sich in toxischen Familien aus. So können zum Beispiel die Großeltern, die ein beträchtliches Erbe zu hinterlassen haben, ihren Reichtum ausnutzen, um alle anderen gefügig zu machen. Es soll schon vorgekommen sein, dass die Großeltern sich von ihren Kindern Enkel wünschten und dass ihrem Wunsch entsprochen wurde, um nicht von der Erbschaft ausgeschlossen zu werden.

Bei Diskussionen zeigt sich das Machtgefälle daran, dass diejenigen, die sich für stärker halten, von anderen Menschen Begründungen, Rechtfertigungen und Entschuldigungen für ihre Denk- und Verhaltensweise verlangen. Sich nicht zu rechtfertigen und sich nicht zu entschuldigen, ist daher eine Machtdemonstration. Kinder müssen sich oft für ihre Entscheidungen und ihr Verhalten rechtfertigen, Erwachsene nicht. Indem man Begründungen abgibt, nimmt man automatisch die schwächere Position ein, auch wenn es einem nicht bewusst ist.

Um Missverständnissen vorzubeugen: Selbstverständlich erklärt man seinen Freunden oft, was man vorhat oder warum man etwas getan hat. Aber das ist etwas anderes, weil es dabei um Verständnis und nicht um Macht geht. Man gibt dem anderen freiwillig einen Einblick in sein Inneres, weil man möchte, dass er oder sie die eigenen Beweggründe versteht.

Es ist ein großer Unterschied, ob eine Rechtfertigung verlangt oder aus Interesse nachgefragt wird. Im letzteren Fall ist klar, dass die Entscheidung des anderen nicht infrage gestellt wird. Im ersteren dagegen signalisiert die Forderung nach einer Rechtfertigung, dass das Urteil über das Verhalten dem Fordernden zusteht.

Mit Entschuldigungen ist es ähnlich. Auch hier sind nicht Entschuldigungen für begangenes Unrecht oder schwerwiegende Fehler gemeint. Vielmehr beziehen sich Entschuldigungen in toxischen Familien auf Verstöße gegen die Maßstäbe der mächtigeren Familienmitglieder. Diese stellen Regeln auf, die von allen anderen nicht übertreten werden dürfen. Geschieht dies doch, ist eine Entschuldigung fällig.

Besonders verbreitet sind Empfindlichkeiten, die zu beachten sind. Wer darauf keine Rücksicht nimmt, tut dem anderen weh, jedenfalls nach dessen Meinung. Die Manipulation bedient sich des schlechten Gewissens. Wer dieses Spiel mitmacht, hat sich zu entschuldigen.

Gegen solche Manipulationsversuche hilft nur eines: Keine Rechtfertigungen, keine Entschuldigungen und keine Begründungen mehr! Wie man das bewerkstelligt, ist egal. Hauptsache, am Ende steht keine Rechtfertigung, keine Erklärung, keine Begründung und erst recht keine Entschuldigung.

Der direkte Weg ist die Zurückweisung eines entsprechenden Verlangens: »Ich habe mich nicht zu rechtfertigen.«

Man kann den Spieß auch umdrehen und fragen: »Was ist so schlimm daran, was ich getan habe?« Dann ist der andere mit Erklärungen und Begründungen beschäftigt. Wenn er damit fertig ist, sagt man einfach: »Ich verstehe immer noch nicht, was so schlimm daran ist.« Dann begreift der andere entweder sofort, dass man sich nicht mehr rechtfertigen wird, oder er liefert weitere Begründungen. In jedem Fall hat man die Rollen getauscht.

Man kann das Verlangen nach Rechtfertigungen auch einfach konsequent überhören. Es besteht weiterhin die Möglichkeit, das Thema zu wechseln oder ohne weitere Erklärungen den Raum zu verlassen. Was davon am besten ist, hängt von der Situation, den Beteiligten und dem Stand der Beziehung ab. Entscheidend ist, nicht mehr auf die Manipulationsversuche einzugehen.

In dem Film *Solo Sunny* gibt es am Anfang eine dazu passende Szene. Die Protagonistin hat die Nacht mit einem Liebhaber verbracht, der sich morgens noch im Bett räkelt, während sie bereits aufgestanden ist. Sie schaut kurz zu ihm hin und sagt: »Is' ohne Frühstück.« Er mault: »Wat soll denn det? Deinetwegen bin ick extra nich arbeiten jejangen.« Darauf sie: »Is' auch ohne Diskussion.«

Kritik äußern und entgegennehmen

Kritik zu äußern, ist normal. Es gefällt einem nicht alles, was andere tun, und das darf man auch sagen. In guten Beziehungen gibt es wenig Grund zu kritisieren, weil die Übereinstimmung hoch ist. Schlechte Beziehungen fallen dagegen dadurch auf, dass viel kritisiert wird.

Nicht selten ist das Recht auf Kritik in toxischen Familien einseitig verteilt. Falls das in deiner Familie auch so ist, solltest du lernen, berechtigte Kritik zu äußern. Damit signalisierst du, dass du nicht mehr gewillt bist, zu allem ja und amen zu sagen oder zu schweigen.

Die Kritik sollte jedoch berechtigt sein und mit dem Ziel geäußert werden, eine gemeinsame Lösung zu finden. Oft maskiert Kritik nur schlechte Laune. Die Familienmitglieder kritisieren einander und bringen doch nichts anderes zum Ausdruck als ihre negative Stimmung.

Ab jetzt solltest du dich daran orientieren, nur das zu sagen, was gesagt werden muss. Über Kleinigkeiten zu streiten, lohnt sich nicht. Nur wenn es darum geht, in wesentlichen Punkten des Zusammenlebens eine Verbesserung zu erzielen, ist Kritik sinnvoll. Sie ist in diesem Fall der erste Schritt, ein Gespräch zu eröffnen: »Mir gefällt nicht, dass ...« Wie die Lösung aussehen könnte, solltest du nicht vorwegnehmen. Niemand lässt sich gerne Vorschriften machen. Jedoch sollten alle deine Äußerungen auf eine Lösung ausgerichtet sein, sobald die anderen verstanden haben, was dich stört.

Kritik zu äußern, bedeutet nicht, dass du immer alles erreichst, was du möchtest. Es ist sogar wahrscheinlich, dass die anderen nichts ändern wollen. Deshalb musst du hartnäckig auf einer Lösung bestehen. Falls die anderen partout nicht kooperieren wollen, bleibt dir immer noch, für dich eine Lösung zu finden. Dazu kommen wir im nächsten Kapitel (»Vollendete Tatsachen schaffen«).

Wer kritisiert, sollte auch bereit sein, Kritik entgegenzunehmen. Für toxische Familien ist typisch, dass die Kritisierenden keine Kritik an sich dulden. Es würde ihre Macht infrage stellen.

Egal, wie die anderen damit umgehen: Auf jeden Fall solltest du Kritik annehmen. Damit zeigst du Souveränität. Wirklich starke Menschen können nämlich mit Kritik umgehen und müssen sich ihr nicht entziehen.

Ich will nicht sagen, dass mir das in der Vergangenheit immer gelungen ist oder dass ich es heute ausnahmslos kann. Aber mir fällt ein Beispiel ein, wo mir ein souveräner Umgang mit Kritik möglich war. Es war während meines Jurastudiums. Ich bekam eine Klausur zurück. Auf einer Seite hatte der Korrekturassistent sinngemäß geschrieben: »Völliger Unsinn. Verfasser hat keine Ahnung.« Das war im Ton ganz unangemessen. Ich hätte mich darüber beim Professor beschweren können. Aber es interessierte mich überhaupt nicht. Alles, was ich wissen wollte, war, was ich denn nun falsch gemacht haben sollte. Und in dem Punkt hatte der Korrekturassistent vollkommen recht. Was ich geschrieben hatte, stimmte nicht. Für die Zukunft merkte ich mir die richtige Lösung und hakte das Problem ab. Ich war mit mir sehr zufrieden. Nicht die berechtigte Kritik, aber der unangebrachte Ton war an mir abgeprallt.

Ich will damit sagen, dass immer die Lösung im Mittelpunkt stehen sollte, auch wenn man selbst kritisiert wird. Über falsche Töne kann man manchmal hinweghören. Entscheidend ist, selbst sachlich zu bleiben.

Weniger in meiner Familie, aber als Jurist hatte ich reichlich Gelegenheit, zu lernen, mich vernünftig zu streiten. Das können gewiss nicht alle Juristinnen oder Juristen, aber die besten schon. So habe ich eine Rechtsanwältin kennengelernt, die alle Schriftsätze ausschließlich auf ihren sachlichen Gehalt abklopfte und auf emotionale, unsachliche Äußerungen nicht reagierte. Wenn jemand eine Weile herumgeschrien hatte, konnte es sein, dass sie einfach nur sagte: »Sie haben noch kein Argument genannt«

oder »Sagen Sie mal, was sie wollen«. Ein Kollege meinte einmal über sie, ihre Schriftsätze seien kurz, klar und verletzend. Ich glaube, dass der letzte Punkt nicht berechtigt war. Aber wenn man die Dinge beim Namen nennt, kann es sein, dass die anderen sich getroffen fühlen.

Wünsche mitteilen und anhören

Die Aussichten, in toxischen Familien seine tiefsten Bedürfnisse erfüllt zu bekommen, sind gering. Wir sind wieder an einem Punkt, wo man feststellen muss: Wäre es anders, wäre es keine toxische Familie.

Deshalb würde ich nicht zu viel Hoffnungen investieren, dass die Wünsche, die sich an die anderen richten, erfüllt werden. Probieren kann man es jedoch. Wenn man den Versuch unternimmt, sollte man allerdings beharrlich sein. Erfahrungsgemäß geben viele Menschen nach, wenn Wünsche wiederholt geäußert werden. Meister dieser Strategie sind Kinder. Sie lassen sich durch kein Nein davon abbringen, immer wieder ihren Wunsch vorzubringen: »Ich will …« »Nein, das bekommst du nicht!« »Ich will …« »Ich habe nein gesagt!« Ich will …« »Hör endlich auf!« »Ich will …« »Du hattest gestern erst …« »Ich will …« »Es ist nicht gut für dich!« »Ich will …« – »Na, gut, aber nur dieses eine Mal!«

Merkst du was? Kinder argumentieren nicht. Sie wiederholen nur ihren Wunsch. Sie lassen sich nicht davon abbringen, sondern ignorieren alle Einwände. Sie sind unglaublich stur. Damit erreichen sie, was sie wollen, es sei denn, ihre Eltern sind noch beharrlicher. Aber wie viele sind das schon? Diese wollen irgendwann lieber ihre Ruhe. Nervensägen kommen häufig zum Ziel.

Deshalb ist entscheidend, dass du dich nicht abwimmeln lässt, wenn du Wünsche gegenüber deinen Verwandten äußerst. Möglicherweise haben sie dir längst abgewöhnt, Wünsche anzumelden, vielleicht sogar, überhaupt noch zu wissen, was du dir wünscht.

Es ist daher für beide Seiten eine neue Erfahrung, wenn du beharrlich deine Wünsche äußerst. Sei dir aber darüber im Klaren, dass du die Erfüllung deiner Wünsche nicht erzwingen kannst. Das können Kinder auch nicht, deshalb versuchen sie es mit enormer Beharrlichkeit.

Was das Annehmen von Wünschen betrifft, so ist es genau umgekehrt. Wenn deine Verwandten Wünsche an dich haben, die sie nicht selten in Form absoluter Forderungen vorbringen, solltest du daran denken, beharrlich nein zu sagen, wenn du die Bitte nicht erfüllen möchtest. Nein zu sagen, fällt vielen Menschen schwer. Das jahrelange Training in einer toxischen Familie zeigt Wirkung. Nein sagen hat regelmäßig zu unangenehmen Konsequenzen geführt. Entweder wurde einem dann gedroht oder ein schlechtes Gewissen gemacht in der Art: »Weil du nicht willst, sind jetzt alle traurig.« Zur Erinnerung: Jeder macht sich mit seinen Gedanken seine Gefühle selbst. Es lag also nicht an dir, wenn dein Nein jemanden vermeintlich verletzt hat.

Eventuell hat man auch gelernt, dass Neinsagen zwecklos ist und man irgendwann doch nachgeben muss.

Wenn du die Wünsche, die deine Familie dir gegenüber äußert, zwar grundsätzlich erfüllen willst, aber in anderer Form, hast du die Möglichkeit, darüber zu verhandeln. Verhandeln? Auch das ist in toxischen Familien oft ein Fremdwort. Forderungen werden erfüllt. Basta! – Jetzt nicht mehr! Wenn du erwachsen bist, kannst du tun, was du willst.

Bestimmt weißt du, wie man nein sagt und wie man verhandelt. Nur wendest du es in deiner Familie nicht an. Das kannst du ab sofort ändern!

Was du sofort tun kannst

Am wichtigsten ist es, dass du dir dein Recht auf Selbstsicherheit und die sich daraus ergebenden Freiheiten täglich bewusst machst. Ohne die Überzeugung, dass du so sein darfst, wie du bist, bleiben die weiteren Schritte wirkungslos.

Du darfst so sein, wie du bist.

Du darfst grundsätzlich denken, fühlen, reden und handeln, wie du willst.

Das Recht auf Selbstsicherheit beruht auf Gegenseitigkeit.

Deine Familie darf so sein, wie sie ist. Deine Verwandten dürfen im Prinzip so denken, fühlen, reden und handeln, wie sie wollen. Das zu akzeptieren, dürfte für dich genauso schwer sein wie umgekehrt für deine Familie.

Hör auf, dich zu rechtfertigen und zu entschuldigen.

Du trägst die Verantwortung für dein Denken, Fühlen, Reden und Handeln.

Lerne, Kritik und Wünsche zu äußern, aber erwarte nicht unbedingt, dass du damit gehört wirst oder erreichst, was du willst.

Hör dir die Kritik, Wünsche und Forderungen deiner Familie an. Entscheide selbst, ob du darauf eingehen willst.

Sechster Schritt: Vollendete Tatsachen schaffen

Wenn Diskussionen nichts mehr nützen

Wenn man erwachsen ist, darf man tun, was man will. Leider ist das vielen Menschen nicht klar. In ihrer toxischen Familie bleiben sie die kleinen Kinder, obwohl sie längst volljährig sind.

Es ist ein Rollenspiel. Jeder Teilnehmer kann sofort aufhören, länger mitzuspielen. Häufig ist einem nur bewusst, was die Eltern, Geschwister oder die anderen Verwandten tun. Man klagt darüber, dass sie sich nicht ändern. Schwerer zu begreifen ist die eigene Rolle, die man übernommen hat. Sie ist die einzige, die man wirklich ändern kann. Was die anderen tun, ist deren Sache. Entweder läuft das Spiel weiter, nur ohne einen, vielleicht wird die Rolle, die man eingenommen hat, neu besetzt, oder das Spiel ist aus, es bricht zusammen.

Deshalb nützt es nichts, zu jammern und zu klagen, wie die Mutter, der Vater oder wer auch immer ist. Es geht darum, aus dem Spiel auszusteigen und wenn nötig das Ensemble zu verlassen.

Das nenne ich vollendete Tatsachen schaffen.

Solange man in seiner Rolle bleibt, geht es immer weiter. Über kleine Änderungen zu verhandeln, bringt in der Regel nichts. Die anderen sind oft erstaunlich flexibel. Sie improvisieren, wie man es ihnen niemals zugetraut hätte. Hauptsache, das Spiel geht im Prinzip weiter.

Nehmen wir an, die Tochter habe sich zu einer Therapie entschlossen, um nicht mehr so unter ihrer Familie zu leiden. Sie erzählt ihrem Vater davon, wobei sie dies mit Schuldvorwürfen an seine Person verbindet. Sie beklagt unter anderem, dass er ständig verlangt, ihn zu besuchen, obwohl er doch weiß, dass sie weder Zeit noch Lust dazu hat. Der Vater hört zu, zeigt sich verständnisvoll, befürwortet sogar ihren Entschluss, eine Therapie begonnen zu haben, und am Ende fragt er: »Und wann besuchst du mich wieder?«

Wenn Diskussionen nichts mehr nützen …

Ihrem Vater von ihrer Therapie zu erzählen, ist unter verschiedenen Gesichtspunkten problematisch. Erstens nimmt die Tochter damit immer noch die Kinderrolle ein. Als Kind wissen die Eltern nahezu alles über einen: was man wann tut, mit wem man befreundet ist, wie man in der Schule steht und wie es einem geht (falls sie das interessiert). Wenn man erwachsen wird, ändert sich das normalerweise. Die Eltern haben nur noch so weit Einblick in das Leben von einem, wie man es ihnen gestattet. Ob und wieweit man ihnen diesen Einblick weiter gibt, sollte man sich gut überlegen. Jedenfalls sollte man sich anschließend nicht wundern, wenn sie ihr Unverständnis äußern, einem Vorschriften machen wollen oder ungefragten Rat beisteuern.

Heute rühmen sich einige Eltern damit, die besten Freunde ihrer Kinder zu sein. Mir persönlich ist dabei etwas unbehaglich. Ich glaube nicht, dass es die Aufgabe der Eltern ist, zu den besten Freunden ihrer Kinder zu werden. Aus meiner Sicht besteht ihre Aufgabe vor allem darin, diese zur Selbständigkeit zu erziehen. Gelingt diese Erziehung, suchen sich die Kinder andere Menschen, die ihre besten Freunde werden. Nur dann werden sie wirklich unabhängig. Außerdem haben gute Eltern auch die Aufgabe, ihre Kinder zu kritisieren und ihnen bestimmte Dinge zu verbieten, wenn dies nötig ist, zum Beispiel weil die Kinder die Folgen ihres Tuns noch nicht begreifen können. Das verhindert in gewisser Weise, zu ihren besten Freunden zu werden.

Aber zurück zu unserem Beispiel: Indem die Tochter ihrem Vater von ihrer Therapie erzählt, gibt sie ihm unbewusst Gelegenheit, diese zu befürworten oder abzulehnen. Damit verfestigt sie seine und ihre Rolle, nämlich die des Kindes, das um Zustimmung und Segen der Eltern bitten muss.

Von den Vorwürfen, die sie mit ihrer Mitteilung verbindet, erhofft sie sich vielleicht insgeheim das lang ersehnte Schuldeingeständnis des Vaters für seine Fehler ihr gegenüber. Sie möchte endlich gesehen, verstanden und geliebt werden.

Was kommt dabei heraus? Der Vater drängt sie zum Schluss wieder, ihn häufiger zu besuchen.

In toxischen Familien sind die Beziehungen sehr einseitig. Die einen bestimmen, die anderen haben zu gehorchen.

Die Frage ist daher: Wie lange willst du ein Kind bleiben?

Und: Wie lange willst du fügsam sein und gehorchen?

Die anderen stört es wenig, dass du rebellierst. Daran sind sie gewöhnt. Kinder protestieren. Aber sie tun, was von ihnen verlangt wird.

Dieses Spiel kannst du nur durchkreuzen, indem du vollendete Tatsachen schaffst und einfach tust, was du willst. Einseitigkeit auf Gegenseitigkeit sozusagen.

Kinder, die erwachsen und selbständig geworden sind, schulden weder Rechtfertigungen, Entschuldigungen, Erklärungen, Begründungen noch Diskussionen über ihre Entscheidungen. Das war einmal. Manchen Mitgliedern der Familie muss man dies unmissverständlich klarmachen.

Macht hat mit Machen zu tun

Etymologisch stimmt das nicht. Die Wörter »Macht« und »machen« haben unterschiedliche sprachliche Wurzeln. Aber psychologisch gesehen trifft es zu, dass Macht mit Machen zu tun hat. (Und als Wortspiel taugt es allemal.)

Macht wird oft negativ bewertet. Ganz zu Unrecht, denn dieses Wort ist ursprünglich von »mögen« im Sinne von »können«, »vermögen« abgeleitet. Imstande sein, fähig sein, etwas können: Wer will das nicht?

Die negative Bewertung kommt vom Missbrauch der Macht, sollte davon aber klar unterschieden werden.

Machtmissbrauch ist typisch für toxische Familien. Die Stärkeren, die etwas durchsetzen können, nutzen diese Fähigkeit aus, und zwar gegen den Willen der Schwächeren. Diese werden entmachtet. Daher besteht ein wichtiger Schritt auf dem Weg zur Befreiung von der toxischen Familie darin, sich die verloren gegangene Macht zurückzuholen. »Empowerment« heißt das heute auf Neudeutsch, aber Ermächtigung, hier im Sinne von Selbstermächtigung, tut es auch. Egal, wie du es nennen willst: Hol dir die Macht zurück! Du bist kein kleines Kind mehr, auch wenn du dich deinen Eltern und anderen Verwandten gegenüber noch immer so hilflos fühlst.

Die erlernte Hilflosigkeit, das heißt die erfolgte Entmachtung, bleibt leider oft ein Leben lang bestehen, wenn die Macht der anderen nicht mehr infrage gestellt wird. Selbst zwei Meter große Männer, die hundert Kilo oder mehr wiegen, fühlen sich gegenüber ihren Eltern so schwach wie mit drei Jahren.

Das erinnert an die Dressur von Elefanten. Wie ist es möglich, dass diese riesigen Tiere sich so ohnmächtig fühlen, dass sie an einen kleinen Eisenstab angebunden werden können, den sie locker aus der Erde reißen könnten? Antwort: Sie haben als junge Elefanten gelernt, dass sie nicht die Kraft haben, sich zu befreien. Deshalb versuchen sie es später als große, mächtige Tiere nicht mehr. Ihre Vergangenheit bestimmt ihre Gegenwart und Zukunft, wenn nichts Außergewöhnliches passiert.

Wir dagegen unterscheiden uns von Elefanten durch die Fähigkeit, Situationen zu durchdenken und neu bewerten zu können. Wir glauben nur, wir seien schwach, obwohl wir es längst nicht mehr sind.

Vollendete Tatsachen schaffen bedeutet, deiner Familie deine neu entdeckte Macht zu demonstrieren, indem du machst, was dir passt. Du beweist deine Unabhängigkeit. Warte nicht mehr auf den Segen deiner Eltern, die Zustimmung deiner Brüder und Schwestern und die Erlaubnis deiner Schwiegereltern. Du brauchst sie nicht.

Mit Widerstand rechnen

Eine Familie stellt ein System dar. Es ist auf vielfältige Weise miteinander verbunden, vergleichbar mit einem Mobile. Wenn du es an einer Stelle in Schwingung versetzt, bewegen sich alle anderen Teile mehr oder weniger mit.

Indem du vollendete Tatsachen schaffst und deine Beziehung zu deiner Familie neu regelst, versetzt du dem ganzen System einen Stoß. Es gerät in Bewegung.

Deine Familie muss sich auf die von dir initiierten Schritte erst einstellen. Sie muss sich anpassen. Dafür braucht sie Zeit. Es kostet sie Mühe, die Veränderung zu akzeptieren. Ob sie diese akzeptiert, liegt nicht in deiner Macht. Deine Familie kann auch auf ewig mit dir hadern. Aber eines ist sicher: Sie kommt an den vollendeten Tatsachen nicht vorbei, egal ob sie mit den Zähnen knirscht oder dir ihren Segen gibt.

Eine toxische Familie wird typischerweise in der Anfangszeit den Druck auf dich erhöhen. Sie wird sich gegen die von ihr abgelehnte Veränderung wehren. Zwar ist dies eine Umkehrung der Verhältnisse, denn eigentlich wehrst du dich gegen die Giftigkeit deiner Familie, aber das zählt für sie nicht, vielmehr fühlt sie sich von dir angegriffen.

Diesen Druck musst du aushalten. Das Wissen, dass deine Familie es nicht verhindern kann, dass du deinen eigenen Weg gehst, hilft dir dabei.

Allerdings stellt der Moment, in dem deine Verwandten möglicherweise alle Register ziehen, einen kritischen Punkt dar. Du musst dich entscheiden, ob du nachgeben oder deinen Weg konsequent weitergehen willst. Letzteres wird dir leichter fallen, wenn du auf den Widerstand deiner Eltern, Geschwister und anderer vorbereitet bist. Es wäre naiv, anzunehmen, dass von diesen keine Reaktion kommt.

Nachzugeben wäre kurzfristig gesehen die einfachere Alternative. Deine Familie würde dich damit belohnen, dass sie den

Druck beendet. Es wäre alles wieder so wie vorher. Willst du das?

Dadurch dass du eine Veränderung geschaffen hast, bist auch du in eine neue Situation gekommen, an die du dich erst einmal gewöhnen musst. Unterschätze nicht die Wirkung der neuen Beziehungen auf dich selbst. Das Neue wird sich irgendwie komisch anfühlen. Du hast die trügerische Sicherheit deiner toxischen Familie aufgegeben und musst dich selbst auch erst einmal neu orientieren. Wie deine Verwandten musst du dich anpassen und auf das Ungewohnte einstellen.

Wie viel Freiheit, Wohlbefinden und Glück kannst du aushalten? Das Leben in deiner toxischen Familie hat bei dir eine Art Setpoint gesetzt, also einen Grenzwert für diese Variablen. Abweichungen nach oben und unten werden von dir fein wahrgenommen.

Den meisten Menschen ist nicht bewusst, dass sie nicht nur auf negative, sondern auch auf positive Ereignisse mit Stress reagieren, je nachdem, wie sie darüber denken. So gilt zum Beispiel eine Heirat als ein vergleichsweise großes Stressereignis. Natürlich ist es nicht die Heirat an sich, sondern die Bewertung der Situation, die Stress auslösen kann. Jede größere Veränderung bringt ein System in Aufruhr, so auch das innere System. Da eine Heirat viele Veränderungen mit sich bringen kann, müssen diese erst einmal verkraftet werden. Es ist so viel neu zu regeln: das tägliche Zusammenleben, die gemeinsame Wohnung, der Umzug in eine neue Stadt, das nähere Kennenlernen der Familie der Partnerin und mehr. Da heute viele Paare schon vor der Heirat zusammenleben, ist diese nicht mehr ein so großer Einschnitt wie früher. Trotzdem ist die Entscheidung, zusammenzuleben, unter Umständen ziemlich aufregend.

So ähnlich verhält es sich, wenn du vollendete Tatsachen bezüglich deiner toxischen Familie geschaffen hast. Es kann ziemlich aufregend sein.

Ein System tendiert dazu, möglichst schnell zum alten Zustand oder wenigstens einem ähnlichen zurückzukehren. Deshalb musst du aufpassen, dass du dir nicht neue toxische Verhältnisse, nur ohne deine Familie, schaffst.

Wenn du den anfänglichen Widerstand von innen und außen aushältst, stellen sich alle langsam auf das Neue ein. Die gewonnene Freiheit, das ungewohnte Wohlbefinden und Glück fühlen sich bald wieder normal an, allerdings auf einem höheren Niveau als zuvor.

Sich vor schlechtem Gewissen und Drohungen schützen

Ein schlechtes Gewissen zu machen und zu drohen, sind Techniken der Manipulation.

Hier zahlt es sich aus, wenn du dir deines Rechts auf Selbstsicherheit bewusst bist und die entsprechenden Strategien trainierst.

Vor allem Beharrlichkeit ist wichtig. Deine Familie braucht wie gesagt Zeit, sich auf die neue Situation einzustellen. So kennen sie dich bisher nicht. Du zeigst Flagge und gehst deinen Weg konsequent weiter. Das sind sie von dir nicht gewöhnt.

Alle, die selbstsicher auftreten, haben die dazu notwendigen Strategien gelernt. Ein paar Glückliche sind in ihrer natürlichen Selbstsicherheit nie gestört worden. Kinder sind von Natur aus selbstsicher. Sie haben einen gesunden Egoismus. Ihnen liegt es fern zu glauben, sie dürften nicht tun und lassen, was sie wollen. Sie nehmen sich die Freiheit, eine eigene Meinung zu haben, und verteidigen diese auch sehr selbstbewusst. So lange, bis es ihnen oft abgewöhnt wird.

Lass dir kein schlechtes Gewissen machen. Deine toxischen Verwandten werden versuchen, dir einzureden, du seist dafür verantwortlich, dass sie sich schlecht fühlen und leiden, mehr noch, dass du ihr ganzes Leben zerstörst. Dagegen schützt du dich, indem du dir klarmachst, wo die Gefühle herkommen. Bitte noch einmal an der entsprechenden Stelle nachlesen, falls du es vergessen hast.

Grundsätzlich ist jeder für seine Gefühle und sein Leben selbst verantwortlich. Das mögen manche nicht hören, aber es ist so.

Folgende Geschichte illustriert sehr schön, warum das so ist: Ein Artistenpaar tritt auf einem Marktplatz auf. Er schlägt vor, dass sie sich auf seine Schultern stellt und sie so über den Platz gehen. »Du achtest auf mich und ich achte auf dich, so kommen wir sicher über den Marktplatz.« Sie ist mit dem kleinen Kunststück einverstanden, mit einer entscheidenden Änderung: »Du achtest auf dich und ich achte auf mich, so kommen wir sicher über den Marktplatz.«

Einander die Verantwortung zu übertragen, ergibt keinen Sinn, weder bei artistischen Kunststücken noch im Leben. Im Prinzip wissen alle selbst am besten, wie sie glücklich und zufrieden durchs Leben kommen. Übertragen sie einander die Verantwortlichkeiten, kommt alles durcheinander. Es drohen Abstürze und Zusammenbrüche.

»Jeder ist seines Glückes Schmied« sagt der Volksmund und hat vollkommen recht damit.

Lass dir keine Angst machen. Deine toxischen Verwandten werden versuchen, dir Zweifel einzuflüstern und dich zu verunsichern. In gravierenderen Fällen drohen sie mit Enterbung, Verstoßung oder Liebesentzug.

Nun ist Liebesentzug in toxischen Familien eine stumpfe Waffe, weil Liebe für solche Familien ein Fremdwort ist. »Sei ein liebes Kind« heißt übersetzt: »Sei ein gehorsames Kind.« »Aber ich habe dich doch immer geliebt!« »Wirklich? Warum habe ich es dann nie gemerkt?«

Eigentlich ist es neunzehntes Jahrhundert, Kinder oder andere Verwandte zu verstoßen. »Dann darfst du nie wieder über die Schwelle meines Hauses treten!« ist an Theatralik und Drama kaum zu überbieten. Beides hatte im Expressionismus des frühen zwanzigsten Jahrhunderts seinen Höhepunkt.

Wenn jemand mit Kontaktabbruch droht, sollte man sich sowieso überlegen, ob sich eine Fortsetzung der Beziehung wirklich noch lohnt. Erpressung ist kein geeignetes Mittel, um eine Beziehung zu retten. Vielleicht wollen die anderen dir nur zuvorkommen, weil sie befürchten, du würdest den ersten Schritt machen.

Enterbung spielt nur in reichen Familie eine ernstzunehmende Rolle. Aber darf man so eine Erpressung wirklich ernst nehmen? Kann Geld die Freiheit, die Selbstbestimmung, das Wohlgefühl und das Glück wirklich aufwiegen? Nie und nimmer. Eigentlich ist dies gar kein Fall von Erpressung. Vielmehr ist es der Versuch, dem anderen die Freiheit und das Glück abzukaufen. Wer sich darauf einlässt, sollte sich über die Folgen im Klaren sein.

Genau genommen kann dir nichts und niemand Angst machen. Es sind immer deine eigenen Gedanken, die dich ängstigen. Angst entsteht vor allem, wenn man sich die schlimmsten Konsequenzen ausmalt oder andere dies tun und man ihnen glaubt.

Was könnte passieren? Diese Frage ist nicht die passendste. Alles könnte passieren. Nichts lässt sich ausschließen. Ein Meteorit könnte die Erde wegfegen.

Wie wahrscheinlich ist es? Diese Frage ist angemessener. Sie erspart einem viele unnötige Ängste. Möglich ist alles, aber wahrscheinlich nur weniges.

Was wäre das Beste, das passieren könnte. Diese Frage wird selten gestellt. Das Worst-Case-Denken, das Denken in den schlimmsten Alternativen, ist weit verbreitet. Nur wenige kommen auf die Idee, sich zu fragen, was im allerbesten Fall geschehen könnte.

Auf deine Familie bezogen könnte dies bedeuten, dass sie dich und deine Entscheidungen akzeptiert und plötzlich dir gegenüber den lange vermissten Respekt zeigt, wenn du den Mut hast, vollendete Tatsachen zu schaffen.

Was du sofort tun kannst

Lass dich nicht mehr auf lange Diskussionen ein, wenn eigentlich klar ist, dass sie nichts nützen.

Leg die Kinderrolle ab. Kinder müssen ihren Eltern Auskunft geben und brauchen deren Zustimmung, bevor sie etwas tun dürfen. Du bist kein Kind mehr. Tu, was du willst.

Mach dir immer wieder klar, dass du nicht hilflos bist, auch nicht gegenüber deinen Verwandten. Du magst dich manchmal so fühlen, aber du bist es nicht. Du stehst auf eigenen Beinen.

Erkenne diese Tatsache an und sei selbständig in deinem Denken, Fühlen, Reden und Handeln.

Strebe kleine tägliche Erfolge an, damit du merkst, was du alles kannst. Jeder kleine Erfolg stärkt dein Selbstvertrauen. Rede dein Können nicht klein (»Was ist das schon? Das kann jeder!«), sondern führe dir deine Fähigkeiten vor Augen (»Ich kann das, und was ich noch nicht kann, kann ich lernen.«).

Ruf dir deine Erfolge und deine Fähigkeiten regelmäßig in Erinnerung.

Rechne mit Widerstand und bereite dich darauf vor. Verliere dich nicht in überflüssigen Kleinkriegen, sondern behalte deine großen Ziele im Auge. Geh konsequent deinen Weg, trotz aller Widerstände und Rückschläge.

Lass dich nicht einschüchtern, weder durch ein schlechtes Gewissen noch durch Angst. Beides kann dich nicht aufhalten. Was zählt, sind deine täglichen Schritte und dass du vollendete Tatsachen schaffst.

Wie viel Angst und schlechtes Gewissen du hast, hängt nicht von deinen Verwandten ab, sondern vor allem von dir. Achte darauf, wie du dich fühlst und was du denkst. Deine Gedanken bestimmen deine Gefühle. Denke so, dass du dich wohlfühlst.

Siebter Schritt: Aufblühen in einer toxischen Familie

Trotz alledem

Kann man in einer toxischen Familie überhaupt aufblühen? Bräuchte man dafür nicht ideale Bedingungen?

Nun, der Traum von idealen Bedingungen ist verständlich, besonders, wenn man unter den gegenteiligen Bedingungen lebt oder gelebt hat. Aber notwendig sind ideale Umstände nicht. Genau genommen sind die Umstände nie ideal. Deshalb warten viele Menschen darauf, dass sie es werden – leider vergeblich.

Mit dem Aufblühen sollte man nicht warten, sondern die Verhältnisse nutzen, die man vorfindet. Was soll das eigentlich heißen: Aufblühen? Damit ist gemeint, dass man anfängt, sich zu entwickeln, so wie es einem entspricht. Sein Potenzial entfalten, das, was in einem steckt. Jeder Mensch ist einzigartig und kommt mit ganz besonderen Fähigkeiten auf die Welt. Diese gilt es zu entwickeln. Folgt man ihnen, ist es relativ einfach, seinen Lebensweg zu gehen, weil alles, was mit den eigenen Fähigkeiten zu tun hat, leichtfällt und Spaß macht. Leider ist unser Erziehungs- und Ausbildungssystem oft genau andersherum gepolt. Man soll sich intensiv mit dem befassen, was man nicht gut kann, was einem schwerfällt und keinen Spaß macht. Eine merkwürdige Philosophie!

Alle Menschen, die großen Erfolg im Leben hatten, haben ihre Fähigkeiten zum Blühen gebracht, egal ob es sich um Fußballspielen, Singen, Holz oder Metall bearbeiten, Computer bauen, Mode entwerfen oder Dinge erfinden handelt. Warum ist das so? Um es weit zu bringen, muss man viel Zeit in die Entwicklung seiner Fähigkeiten investieren. Das macht man nur, wenn es einem Spaß bereitet und prinzipiell leichtfällt. Andere, die sich zur Ausübung der gleichen Fähigkeiten zwingen müssen, können da nicht mithalten. Sie fallen zurück und bleiben höchstens Mittelmaß.

Sein gesamtes Potenzial entfaltet man nie. Wer das glaubt, hat zu enge Ansichten vom menschlichen Können. Ein einziges Leben reicht nicht, um alle Möglichkeiten, die in einem stecken, zu entwickeln. Deshalb muss man sich auf das konzentrieren, womit man sich am liebsten beschäftigt. Seinen Interessen nachzugehen, ist der einfachste Weg, um aufzublühen.

Natürlich macht es einen Unterschied, ob man noch in seiner Familie, in ihrer Nähe oder weiter weg wohnt. Deshalb kommt es darauf an, so gut es geht das jeweils Mögliche zu tun. Selbst der direkte Kontakt mit der toxischen Familie bietet bestimmte Vorteile, die es zu nutzen gilt. Zum Beispiel hatte ich, als ich noch zu Hause wohnte und in meiner Freiheit eingeschränkt war, den großen Vorteil, Kost und Logis umsonst zu bekommen. Darum brauchte ich mich nicht zu kümmern, weshalb ich meine Energie auf meine Ausbildung und verschiedene Freizeitaktivitäten lenken konnte.

In gewisser Weise bleibt man immer ein Teil seiner Familie. Das ist in Ordnung. Sie gehört zur eigenen Lebensgeschichte, was nicht bedeutet, dass sie uns für die Zukunft negativ bestimmt. Nicht einmal die Gegenwart wird von ihr hundertprozentig bestimmt. Es verbleiben stets Spielräume, die es zu nutzen gilt. Negatives lässt sich in Positives verwandeln. Innere Stärke beispielsweise gewinnt man nur durch äußere Widerstände. Man kann in einer toxischen Familie Resilienz lernen. Die widrigen Umstände sind dafür ein idealer Nährboden, die giftigen Verwandten die besten Trainingspartner. Resilienz lernt man nicht allein aus Büchern, sondern am effektivsten im unmittelbaren Kontakt mit großen Problemen, enormen Schwierigkeiten und fast überwältigenden Widerständen.

Man kann also auch in einer toxischen Familie aufblühen. Es ist nur schwerer, weil die negativen Einflüsse und die giftige Atmosphäre zu überwinden sind.

In einer toxischen Familie entsteht ein großer Nachholbedarf, was die Entwicklung von Glück, Gelassenheit und Liebe angeht. Dafür bietet diese Familie eine denkbar schlechte Ausbildung. Was jemand selbst nicht kann, kann er auch nicht an andere weitergeben. Die entsprechenden Defizite erstrecken sich nicht selten über mehrere Familiengenerationen.

Aber du kannst das ändern!

Glück lernen

Über Glück ist viel geschrieben worden. Seit Jahrtausenden erörtern Philosophen, was Glück ist und wie man es erlangen kann. Seit etwa hundert Jahren wird das Phänomen wissenschaftlich untersucht. Psychologinnen, Hirnforscher, Soziologinnen und andere mehr untersuchen Erscheinungsformen und Ursachen des Glücks.

Wie so oft, heißt es am Ende wissenschaftlicher Aufsätze: »Wir brauchen noch mehr Forschung. Viele Fragen sind noch offen.« Deshalb ist es nicht verwunderlich, dass immer noch Verwirrung und Unwissenheit bei diesem Thema vorherrschen.

Wie ist deine Meinung dazu? Was macht dich glücklich, was unglücklich? Was macht den Unterschied aus?

Du kannst deine Beobachtungen und Überlegungen auf andere ausdehnen? Welche Menschen kennst du, die glücklich sind? Welche von deinen Verwandten, Freundinnen und Bekannten sind unglücklich? Was unterscheidet die Glücklichen von den Unglücklichen?

Ich möchte dir hier ein Modell vorstellen, das auf den Erkenntnissen der Kognitiven Therapien beruht. Vertreter dieser Methoden haben zunächst Depressionen und Ängste erforscht und sind zu dem Ergebnis gekommen, dass Menschen so fühlen, wie sie denken. Depressive Gedanken führen zu Depressionen. Sorgenvolle und beunruhigende Gedanken erzeugen Ängste. Diese Erkenntnisse sind durch zahlreiche Untersuchungen untermauert worden.

Grundlage der Kognitiven Therapien ist der Satz des Philosophen Epiktet (50–ca. 138 n. Chr.): »Nicht die Dinge beunruhigen die Menschen, sondern ihre Meinung von den Dingen.« Epiktet gehörte zur Schule der Stoiker. Sie lehrten eine Geisteshaltung, die selbst unter schwierigsten Umständen vollkommene Seelenruhe garantiert.

Was für Depressionen und Ängste gilt, trifft auch auf positive Gefühle wie Glück, Gelassenheit und Liebe zu. Es sind nicht die Dinge, die uns glücklich machen, sondern die Gedanken, die wir uns über die Dinge machen.

Dies erklärt, warum Menschen unterschiedlich auf genau dieselbe Situation reagieren. Wäre die Situation allein die Ursache der Gefühle, müssten alle dasselbe empfinden. Das ist jedoch nicht der Fall.

Nehmen wir an, zehn Menschen bleiben in einem Fahrstuhl stecken. Einige werden Ängste oder Panik entwickeln, andere ruhig bleiben oder die unerwartete Pause sogar genießen. Dieselbe Situation, verschiedene Gefühle.

Auch du selbst reagierst wahrscheinlich auf die gleiche Situation unterschiedlich, zum Beispiel wenn es regnet. Manchmal entwickelst du schlechte Laune, manchmal ist es dir egal und manchmal findest du es sogar schön. Dasselbe Ereignis, verschiedene Gefühle.

Die meisten Menschen suchen das Glück in der Außenwelt. Dort ist es jedoch nicht zu finden. Was immer wir uns wünschen und bekommen: Nach einiger Zeit verblasst das Glück. Warum? Weil es so flüchtig ist wie unsere Gedanken. Mit entsprechenden Gedanken lässt sich das Glück wieder anfachen.

Wer weiß, wo die Gefühle herkommen, weiß auch, wie Glück entsteht. Alltagstheorien, dass Glück eine Gnade sei oder das Nebenprodukt von hingebungsvoller Arbeit, dass es womöglich gar nicht existiere und eine Illusion sei, kann man damit zu den Akten legen.

Wir haben es weitgehend selbst in der Hand, wie wir uns fühlen. Diese Erkenntnis stellt einen Paradigmenwechsel dar. Bisher waren die allermeisten Menschen der Überzeugung, wir seien unseren Gefühlen hilflos ausgeliefert.

Ich gebe zu und es entspricht meiner eigenen Erfahrung, dass es in einer toxischen Familie schwieriger ist, sich glückliche Gedanken zu machen. Aber ebenso kann ich versichern, dass es möglich ist. Die emotionale Unabhängigkeit von äußeren Umständen zu erleben, ist allein schon beglückend. Nichts und niemand kann einen mehr unglücklich machen. Wenn man das begriffen hat und im Alltag anzuwenden weiß, ist man so glücklich wie ein Buddha.

Der historische Buddha (563–483 v. Chr.) hat wie die Stoiker bereits vor sehr langer Zeit den Zusammenhang der Gefühle mit den Gedanken erkannt.

Nur wenige Menschen sind allerdings bereit, so intensiv zu trainieren, dass die glücklichen Gedanken vorherrschen. Bei allen anderen kommen und gehen die glücklichen und unglücklichen Gedanken mehr oder weniger zufällig. Da in unserer Gesellschaft ganz überwiegend negative Gedanken zirkulieren, ist es wesentlich leichter, unglücklich machende Gedanken im Kopf zu haben.

Wenn du willst, kannst du das jedoch jederzeit ändern, egal unter welchen äußeren Umständen du lebst. Der Preis, den du für dein Glück zahlen musst, besteht in dem Aufwand, mit dem du lernst, deine Gedanken zu beobachten, unglücklich machende Gedanken vorbeiziehen zu lassen und den glücklich machenden Gedanken Priorität einzuräumen.

Der erste Schritt ist Achtsamkeit. Du machst dir deine Gefühle und Gedanken bewusster als bisher. Das bedeutet zweierlei: Erstens, du richtest deine Aufmerksamkeit regelmäßig auf deine Gefühle und Gedanken (bewusst machen). Zweitens, du lässt unglückliche Gedanken los und machst dir stattdessen glückliche Gedanken (bewusst).

Im zweiten Schritt steuerst du deine Gefühle und Gedanken. Das gelingt niemandem hundertprozentig. Um sich wesentlich glücklicher als bisher zu fühlen, sind hundert Prozent aber auch nicht notwendig.

So ist das beim Lernen. Man kann immer noch besser und besser werden, glücklicher und glücklicher.

Gelassenheit lernen

Es geht nicht darum, in einer toxischen Familie immer glücklich zu sein und vor Freude zu strahlen. Überhaupt besteht kein Zwang zum Glücklichsein. Aber es besteht auch kein Zwang, die ganze Zeit kreuzunglücklich zu sein.

Vielleicht stellt Gelassenheit so etwas wie den goldenen Mittelweg zwischen Depression und Lebensfreude dar. Jedenfalls hilft eine gelassene Einstellung sehr, mit den Herausforderungen giftiger Verwandter zurechtzukommen.

Wie man Gelassenheit erlangt, unterliegt denselben Regeln wie beim Glück. Es sind nicht die äußeren Ereignisse, die einen aus dem inneren Gleichgewicht bringen. Vielmehr sind Stressgedanken dafür verantwortlich. Es ist zwar naheliegend, sich solche Gedanken zu machen, aber nicht sehr hilfreich. Stress behindert echte Problemlösungen nur. Indem man relativ entspannt beobachtet, was vor sich geht, und auf dieser Basis angemessen reagiert, schiebt man allen unnötigen Dramatisierungen einen Riegel vor.

Meist sind es gar nicht mehr die einzelnen Vorkommnisse, die einen auf die Palme bringen. Jedes für sich genommen wäre oft nicht so gravierend. Aber im Laufe der Zeit haben sich so viele giftige Bemerkungen und Verhaltensweisen im Fass gesammelt, dass nur noch ein einziger weiterer Vorfall genügt, um dieses zum

Überlaufen zu bringen. Deshalb ist es gut, ruhig weiterzuatmen und das Ganze möglichst nur wie eine Kamera zu beobachten, also ohne negative, wütend machende Kommentare.

Eine andere mögliche Distanzierung lässt sich dadurch erreichen, dass man kurz überlegt, wie ein Unbeteiligter reagieren würde, der die ganze Vorgeschichte nicht kennt. Unbeteiligte würden eher gelassen bleiben, sich nicht provozieren lassen und wenig eingreifen. Es ist wieder die Sache, ob man zusätzlich Öl ins Feuer schüttet oder lieber darauf verzichtet.

Stressgedanken kennt jeder. Hier ein paar Beispiele:

»Es ist schrecklich.«

»Ich kann das nicht mehr länger aushalten.«

»Das wird immer so weitergehen.«

»Ich kann da nichts machen, ich bin hilflos.«

»Das muss sich ändern.«

»Die anderen müssen einsehen, was sie tun.«

Ruhige, gelassene Gedanken bringen ebensolche Gefühle mit sich, beispielsweise:

»Es ist nicht das, was ich mir wünsche, aber es geht auch so.«

»Ich kann es aushalten, auch wenn ich die Situation nicht mag.«

»Ich bin stärker als das hier.«

»Egal ob sich etwas ändert, ich finde auf jeden Fall eine Lösung, die für mich stimmt.«

»Ich mache mein Wohlbefinden nicht davon abhängig, ob die anderen einsehen, was sie tun.«

Wichtig ist, in schwierigen Situationen sowohl auf das äußere als auch auf das innere Geschehen zu achten. Was da draußen passiert, entzieht sich der eigenen Kontrolle. Aber was in einem selbst vorgeht, kann man sehr wohl beeinflussen. Es besteht immer die Wahl zwischen Stress- oder Gelassenheitsgedanken.

Gelassenheit kann man lernen. Von meinen Coachingklienten höre ich oft Gründe, warum gerade sie nicht gelassen sein können, zum Beispiel weil sie zu temperamentvoll seien oder weil sie gar nicht in jeder Situation gelassen bleiben möchten.

Sicherlich gibt es verschiedene Temperamente. Die einen kommen mit einer kurzen Zündschnur auf die Welt, die anderen mit einer längeren. Beides hat Vor- und Nachteile. Wer nun dazu neigt, sofort hochzugehen, muss einfach mehr üben als andere, die etwas träger sind. Selbst die Hitzigsten würden wohl denjenigen aus dem Weg gehen, die sie in wenigen Sekunden zusammenfalten könnten. Das zeigt, dass auch Hitzköpfe sich beherrschen können, wenn sie wollen.

Ob jemand gelassen bleiben will, entscheidet jeder allein. Nirgendwo steht geschrieben, dass man immer überall ganz entspannt im Hier und Jetzt leben muss. »Warum soll ich immer gelassen bleiben?«, hat mich eine Journalistin einmal gefragt. Was soll ich darauf antworten, am besten vielleicht: »Warum glauben Sie, dass Sie immer gelassen bleiben sollen? Seien Sie meinetwegen so gestresst, wie Sie es für richtig halten. Es ist Ihre Entscheidung. Sie tragen die Konsequenzen.«

Lieben lernen

Über Liebe existieren zahlreiche Missverständnisse. Ob es das am meisten missverstandene Wort ist, ist schwer zu sagen, aber es nimmt auf jeden Fall einen Spitzenplatz ein. Von Definitionen à la »Liebe ist …« halte ich wenig. Die Serie von Deutungen, die dazu veröffentlicht wurde, hat eher dazu beigetragen, den Begriff in Beliebigkeit aufzulösen.

Ich verstehe »Liebe« im Kern als ein anderes Wort für »Glück«, vielleicht mit dem einzigen Unterschied, dass es vorzugsweise auf ein glückliches Verhältnis zwischen Menschen angewendet wird. Aber da werden mir einige heftig widersprechen, die besonders Tiere, Pflanzen, Sachen, Informationen, sinnliche Erlebnisse wie Musik, Theater, kulinarische Genüsse, Sex, Kunst, Film, Ballett und vieles mehr »lieben«.

Jedenfalls kann man in den meisten Fällen den Satz »Ich liebe …« übersetzen mit »Ich bin (besonders) glücklich mit …«. So gesehen kann Liebe das gesamte Verhältnis zum Universum bezeichnen, Gott inklusive, jedenfalls für diejenigen, die auch dazu eine Beziehung haben.

Der Begriff »Glück« ist synonym mit Bezeichnungen wie »Freude«, »Spaß«, »Vergnügen«, »Lust«, »Begeisterung«, »Entzücken«. Ich weiß, dass diese Bedeutungen nicht hundertprozentig gleich sind, doch sie haben alle etwas gemeinsam: Sie beziehen sich auf angenehme Gefühle. Damit wird der Begriff »Liebe« operabel, das heißt, man kann mit ihm arbeiten. Alle oder zumindest die meisten Missverständnisse bezüglich Liebe lösen sich auf. Ist es angenehm, hat es die Essenz, den Geschmack von Liebe. Wenn es wehtut, ist es keine Liebe.

Damit klärt sich zugleich, dass der Empfängerhorizont entscheidend ist. Nicht, was jemand mit einer Handlung bezweckt, macht diese liebevoll, sondern wie es der andere empfindet.

Ein einfaches Beispiel: Du magst die Farbe Rot über alles, dein Freund bevorzugt eindeutig Grün. Kaufst du ihm dann einen roten oder einen grünen Pullover?

Wenn man es also darauf anlegt, jemanden zum Weinen zu bringen, ihm Angst einzujagen, ihn zu deprimieren oder ihn zu ärgern, dann ist das grundsätzlich keine Liebe.

Zwei Einschränkungen sind zu erwähnen:

Wenn Eltern ihrem Kind etwas verbieten, weil es ihm schaden würde, das Kind dieses aber noch nicht einsehen kann und deshalb unglücklich ist, dann ist das Verhalten der Eltern nicht lieblos. Ich würde es auch nicht als liebevoll bezeichnen. Es ist sinnvoll und notwendig, mehr nicht. Doch bewegt man sich in allen Fällen, in denen man etwas tut, auf das andere unglücklich reagieren, auf dünnem Eis. Missbrauch ist hier Tür und Tor geöffnet. Wie viele Eltern behaupten, ihre Kinder vor Schaden bewahren zu wollen, indem sie ihnen Dinge verbieten oder anderes tun, ohne dass dies wirklich gerechtfertigt ist.

Zweite Einschränkung: Das ABC der Gefühle ist in diesen Fällen nicht suspendiert. Es bleibt dabei, dass nichts und niemand einen unglücklich machen kann. Aber ich sagte bereits, dass man diese Tatsache nicht ausnützen darf, wenn man weiß, dass der andere das ABC der Gefühle nicht kennt und mit negativen Gefühlen reagiert, obwohl er oder sie dies nicht müsste. Die Betonung liegt auf »ausnützen«. Es lässt sich grundsätzlich nicht vermeiden, dass jemand negativ reagiert. Doch sollte man dies nicht extra deshalb herbeiführen.

Lieben zu lernen, bedeutet also, herauszufinden, was einen selbst und andere glücklich macht, und entsprechend zu handeln. In toxischen Familien ist diese Fähigkeit unterentwickelt. Dort lernt man eher, sich unglücklich zu machen und auch andere so zu behandeln, dass sie sich schlecht fühlen.

Du kannst deine giftigen Verwandten nicht glücklich machen, wenn sie das nicht selbst wollen. Aber du kannst anfangen, dich erst einmal selbst zu lieben und dann nach und nach immer mehr Bereiche in deine Liebe einbeziehen, bis du am Ende das Leben in allen seinen Facetten liebst.

Dein eigenes Leben leben

Wie möchtest du leben? In einer toxischen Familie hat dich das wahrscheinlich nie jemand gefragt. Sie ist nicht daran interessiert, dass du deinen eigenen Weg gehst. Vielmehr maßt sie sich an, über dich auch dann noch zu bestimmen, wenn du längst erwachsen bist. Sie drangsaliert dich, versucht weiterhin, dich zu kontrollieren, nötigt dich zu Rechtfertigungen und Entschuldigungen, sobald du selbständig agierst, kommentiert andauernd ungefragt deine Entscheidungen und entscheidet über deinen Kopf hinweg. Sie erwartet, dass du so spurst wie als kleines Kind.

Auch das ist ein Aspekt ihrer Giftigkeit: dass sie dich nicht freigibt und dich nicht nach deinen Vorstellungen leben lassen will.

Da sie dir ständig in den Ohren liegt mit ihren Wünschen und Forderungen, ist es umso wichtiger, dass du dein eigenes Leben lebst. Sonst kreisen deine Gedanken nur um deine Familie. Ob du dich ärgerst, enttäuscht bist, dir Sorgen machst oder ob dir deine giftigen Verwandten die Energie rauben: Die ganze Zeit bist du mit ihnen beschäftigt, zumindest wenn du nicht gerade arbeitest.

Wie möchtest du leben? Das ist die Frage, mit der du dich heute und in Zukunft öfter beschäftigen solltest. Seinen eigenen Weg zu finden, ist gar nicht so einfach, jedenfalls nicht, wenn du aus einer toxischen Familie kommst. Normalerweise würdest du einfach deinen Interessen folgen, und das heißt, dass du einfach dem nachgehen würdest, was dir gefällt und was dir Spaß macht. So einfach könnte das Leben sein.

Da sich so hartnäckig das Vorurteil hält, würde jeder nur noch an sich selbst denken und so etwas wie eine durch und durch egoistische, selbstbezogene, selbstsüchtige oder gar narzisstische Persönlichkeit werden, hier noch einmal: Menschen sind grundsätzlich soziale Wesen. Sie lieben die Gemeinschaft, tanzen, lachen und arbeiten gerne mit anderen zusammen. Die wenigen, die das nicht wünschen, kann man vernachlässigen. Sie fallen nicht ins Gewicht.

Man muss Menschen nicht zwingen, etwas für andere zu tun. Die meisten wollen einen Beitrag zur Entwicklung der Gesellschaft leisten. Nicht selten wird diese Einstellung sogar ausgenutzt.

Ich halte es für ein völlig verfehltes Menschenbild, zu glauben, dass Menschen im Grunde asozial seien und erst dazu gezwungen werden müssten, sich sozial zu verhalten. In Wirklichkeit sind es die toxischen Familienmitglieder, die ihre egoistischen, selbstsüchtigen Interessen maskieren. Sie handeln nach der alten Haltet-den-Dieb-Methode, bei der der Dieb mit dem Finger auf Unschuldige zeigt, um den Verdacht von sich abzulenken. Der Vorwurf des Egoismus kommt nicht selten von den Egoisten, damit andere nicht auf die Idee kommen, darüber nachzudenken, wer hier eigentlich der wahre Egozentriker ist.

Wie möchtest du leben? Niemand kann dir die Antwort abnehmen, obwohl deine Familie genau dies versucht. Ich jedenfalls werde dir die Antwort nicht abnehmen. Nur einen allgemeinen Rat möchte ich geben:

Folge deiner inneren Stimme.

Dabei empfiehlt es sich, die innere Stimme von allen anderen, die im Kopf um deine Aufmerksamkeit streiten, zu unterscheiden. Die innere Stimme ist nie aufgeregt, sondern immer ruhig. Sie äußert sich ganz kurz: zwei, drei Worte, nie lange Kommentare. Sie macht dir nie Angst oder andere unangenehme Gefühle, anders als dein Ego, das nicht unbedingt freundlich mit dir spricht. Keine Vorwürfe, kein Druck, keine Kritik: einfach nur eine neutrale Eingebung, sobald du einen Moment zur Ruhe kommst. Dies ist allerdings eine Voraussetzung, damit du deine innere Stimme hören kannst. Sie geht sonst im Stimmengewirr deines Kopfes unter.

Deine innere Stimme diskutiert nicht mit dir. Ob du dich nach ihr richtest oder nicht, ist deine Sache. Häufig bedauert man später jedoch, nicht auf sie gehört zu haben. Tief drinnen weiß man nämlich, was richtig ist und was nicht, egal wie sehr man versucht, sich etwas anderes einzureden.

Die innere Stimme muss sich nicht immer in Worten ausdrücken. Viele Menschen nehmen sie zugleich oder ausschließlich als Bauchgefühl wahr. Sehr oft kannst du spüren, ob etwas für dich stimmt oder nicht. Auch diese Wahrnehmung ist nicht so spektakulär wie eine Emotion, die viel lauter und vereinnahmender daherkommt. Dein innerstes Leitsystem verhält sich sehr dezent. Du kannst ihm Fragen stellen und wirst Antworten erhalten. Wenn du ihm vertraust, gelingt der Aufbau deines eigenen Lebens nahezu mühelos.

Was du sofort tun kannst

Räume deinem Wohlbefinden die höchste Priorität ein. Das ist die wichtigste Entscheidung, die du für deine Zukunft treffen kannst.

In einer toxischen Familie lernt man, sich ans Unwohlsein zu gewöhnen. Sich schlecht zu fühlen und miese Laune zu haben, wird zur Normalität.

Deshalb beinhaltet die Befreiung von der toxischen Verwandtschaft das Gegenteil: Wohlfühlen steht an erster Stelle.

Dieses angenehme Gefühl des Wohlbefindens ist dir unter dem Dauerstress deiner Familie fremd geworden. Deshalb ist es gar nicht so einfach, diese Dynamik umzukehren. Durch Gewohnheitsbildung ist es dir zur zweiten Natur geworden, dich mehr oder weniger unwohl zu fühlen.

Vielleicht empfindest du dieses Unwohlsein inzwischen als gar nicht mal so schlimm, nach all den Jahren harter »Ausbildung«. Du hast sogar etwas gelernt, was dir im Laufe deines Lebens sehr nützen kann, denn du kannst eine Menge aushalten. Doch diese Fähigkeit solltest du dir nur noch für wirklich schwere Zeiten bewahren.

Von solchen Ausnahmen abgesehen, sollte Wohlgefühl dein wichtigstes Ziel werden.

Es ist so leicht, dieses im täglichen Geschehen aus den Augen zu verlieren. Deshalb könntest du damit beginnen, regelmäßig Pausen zu machen und deinen inneren Zustand zu überprüfen. Stellst du dabei fest, dass du dich erschöpft, mitgenommen, schwach oder sonst wie unwohl fühlst, lass dir etwas einfallen, um dein Befinden zu verbessern. Frag am besten deine innere Stimme, was du im Moment gerade am meisten brauchst.

Achter Schritt: Eine eigene, wohltuende Familie gründen

Du musst nicht so werden wie deine Familie

Ob du so wirst wie deine Familie, hängt allein von dir ab. Wenn du die Muster im Denken, Fühlen, Reden und Handeln deiner Verwandten nicht übernimmst oder diese später änderst, bleibst oder wirst du frei von ihrer Giftigkeit. Wenn du aber diese Muster ganz oder teilweise übernimmst und später nie änderst, brauchst du dich nicht zu wundern, warum du deiner Familie so sehr ähnelst, obwohl du nie werden wolltest wie sie.

Es kommt also darauf an, übernommene Muster zu erkennen und zu unterbrechen, und zwar immer und immer wieder, solange sie auftreten. Mit der Zeit werden sie schwächer und seltener. Es entstehen neue Gewohnheiten, sodass du automatisch so denkst, fühlst, redest, handelst, wie du es willst. Nach einiger Zeit kannst du es dir dann leisten, nicht mehr ganz so wachsam zu sein, um alte Muster zu stoppen und durch bessere zu ersetzen.

Diese Aufgabe ist durchaus anspruchsvoll. Von allein ändert sich nämlich überhaupt nichts. Zeit und sehr viel Aufmerksamkeit und Training sind notwendig, die neuen Muster zu etablieren und genau so zu werden, wie du es dir wünscht.

Zahlreiche Methoden versprechen dir Veränderungen im Handumdrehen, für immer und ganz leicht. Diese Versprechen sind sehr verlockend. Ich gebe zu, dass ich wiederholt auch auf sie hereingefallen bin. Doch sie sind reine Zeitverschwendung. Statt nach der sofortigen, für immer wirkenden Supereasy-Methode zu suchen, sollte man lieber den schrittweisen, langwierigen Prozess beginnen, der zu konkreten, dauerhaften Verbesserungen führt.

Lernen ist anstrengend. Die dafür nötige Aufmerksamkeit ist relativ schnell erschöpft. Deshalb braucht man immer wieder kleine Lernpausen. Nehmen wir zum Beispiel das Lernen einer neuen Sprache? Kann man über Nacht ein Wunder vollbringen und plötzlich fließend Spanisch sprechen? Nein, das geht nur in kleinen Lektionen. Die Zahl der Wörter, die man an einem Tag neu lernen kann, ist begrenzt, deren richtige Aussprache noch gar nicht mitgerechnet. Man kann dies bei sehr kleinen Kindern beobachten, die ein Wort so lange wiederholen, bis es sich dem Gehörten angeglichen hat.

Neue Denk- und Verhaltensmuster zu entwickeln, ist mit dem Lernen einer neuen Sprache vergleichbar. In einer toxischen Familie denkst, sprichst, fühlst und handelst du toxisch, nicht im selben Ausmaß wie deine Verwandten vielleicht, aber niemand kann allen negativen Mustern entgehen. Um zu überleben, hat man gar keine andere Wahl, als sich seiner neurotischen Umgebung anzupassen.

Später kann man aber durch Selbsterziehung lernen, ungiftig zu denken, zu fühlen, zu reden und zu handeln. Wie viele jedoch unterziehen sich diesem Heilprozess, obwohl er unschätzbare

Vorteile mit sich bringt? Wie viele sind bereit, eine neue Sprache zu erwerben? Nicht einmal alle, die in ein anderes Sprachgebiet kommen, sind dazu bereit. Es ist bequemer, sich ein Milieu zu suchen, in dem die Muttersprache gesprochen wird.

Ähnlich ist es, wenn man sich aus der toxischen Familie löst. Es ist bequemer, die alten Muster beizubehalten und sich eine Umgebung zu suchen, die so toxisch ist wie die vorige. So ändert sich natürlich nichts. Der Wunsch nach Veränderung genügt nicht. Die Einsicht in die Notwendigkeit, sich zu ändern, reicht ebenfalls nicht. Umlernen ist gefragt. Es gibt keinen anderen Weg.

Versuch nicht, deine toxische Familie zu ändern. Beginne bei dir selbst. Es ist leicht, von anderen zu verlangen, dass sie sich umstellen sollen. Damit weicht man dem eigenen Wandel aus, weil man ahnt, dass er schwierig werden könnte.

Was würde passieren, wenn deine Familie deinem Wunsch nachkäme? Dann ginge es ihnen gut, während bei dir immer noch alles beim Alten bliebe. Damit wäre dir nicht geholfen, oder?

Die ständigen Beziehungsdramen beenden

Wenn du eine eigene Familie gründest, hast du die Chance, Beziehungen einzugehen, die allen wohltun. »Familie« verstehe ich hier im weitesten Sinn. Sie kann aus einem Kreis von eng zusammenlebenden Freunden und Freundinnen bestehen oder im klassischen Sinn aus einer Lebenspartnerin oder einem Lebenspartner, deren oder dessen ungiftigen Verwandten und natürlich deinen nichttoxischen Angehörigen, soweit vorhanden, und möglicherweise eigenen Kindern.

Das Ziel sollte es sein, die ständigen Beziehungsdramen, die du aus deiner Herkunftsfamilie kennst, in deiner eigenen Familie nicht fortzusetzen.

Meinungsverschiedenheiten, Interessenkonflikte und Streit lassen sich zwar nicht vermeiden, aber in einer wohltuenden Familie lassen sich diese beilegen. Sie stören nicht den grundsätzlichen Frieden, sondern fördern ihn sogar. Da alle am eigenen Wohlergehen und an dem der anderen interessiert sind, wird auf einer ganz anderen Grundlage verhandelt als in toxischen Familien. Es geht nicht darum, sich durchzusetzen und zu gewinnen. Vielmehr legt jeder seine Interessen auf den Tisch, und es wird kreativ versucht, eine Lösung zu finden, mit der alle einverstanden sind.

Das Prinzip, wie solche Lösungen gefunden werden können, zeigt folgendes Beispiel: Zwei streiten sich um eine Zitrone. Jeder beansprucht diese für sich. Als beide anfangen, miteinander darüber zu sprechen, was sie mit der Frucht tun wollen, stellt sich heraus, dass der eine den Saft für eine Limonade will und die andere die Schale für einen Kuchen.

In einer toxischen Beziehung kommt man kaum an den Punkt, wo einverständliche, für alle Seiten zufriedenstellende Lösungen möglich sind. Stattdessen artet jeder Streit zu einem Machtkampf aus.

Gibt es deshalb heute so viele Singles?

Meine Schwiegermutter wünschte sich nach dem Tod ihres Mannes eine neue Partnerschaft. Aber sie glaubte nicht daran, jemanden finden zu können, der sie nicht wieder in bestimmten Fragen unterdrücken würde. Sie war misstrauisch geworden. Tatsächlich war ihr Misstrauen begründet, zumindest was die Männer ihrer Generation betraf, die alle noch in einer Zeit groß geworden waren, als der Ehemann nach dem Gesetz quasi zum Vormund der Ehefrau wurde. Das entsprach dem damaligen Zeitgeist.

Hat sich das Verhältnis von Männern und Frauen inzwischen wirklich verändert? Merken nicht viele Frauen, dass etliche Männer immer noch den Letztentscheid für sich beanspruchen? Sind sie deshalb vorsichtig, sich auf eine enge Beziehung einzulassen? Und finden umgekehrt darum viele Männer nicht mehr die »richtigen« Frauen, also Frauen, die ihnen die Entscheidung überlassen, wenn es darauf ankommt? Haben die Geschlechter wirklich schon gelernt, miteinander zu verhandeln statt zu kämpfen?

Einige Menschen gehen nur noch Fernbeziehungen ein, haben kurze, unverbindliche Affären oder Verbindungen zu verheirateten Partnern. Letzteres war am Ende auch die Lösung, für die meine Schwiegermutter sich entschied.

Unabhängig davon kannst du Menschen finden, die zu dir passen und mit denen du dich wirklich wohlfühlst, nicht ausnahmsweise, sondern regelmäßig. Menschen, mit denen du ein Leben lang zusammenbleiben möchtest. Mag sein, dass du länger suchen musst, als wenn du weniger wählerisch wärest, aber am Ende kannst du es schaffen. Das kann ich aus eigener Erfahrung bestätigen.

Wenn du die Beziehungsdramen hinter dir lassen willst, darfst du dir niemanden aussuchen, der oder die so ist wie Papi oder Mami. Sonst geht das Spiel, auf das du vorbereitet wurdest, endlos weiter, ohne es zu wissen.

Außerdem darfst du deinen Lieblingsmenschen nicht in eine dir gewohnte Rolle drängen. Es kann immer passieren, dass dich irgendeine Verhaltensweise an deinen Vater, deine Mutter oder einen anderen Verwandten erinnert, unter dem du gelitten hast. Dann ist es sehr wichtig zu unterscheiden. An der verhassten Verhaltensweise hängt zwar das ganze Gewicht deiner Vergangenheit, aber hier hast du es mit deinem Lieblingsmenschen zu tun, der für deine Vergangenheit nichts kann. Sprich mit ihm oder ihr über dein Problem, aber verwechsle nicht die Gegenwart mit der Vergangenheit.

Jedes Mal, wenn du merkst, dass dein Ärger, deine Enttäuschung oder was auch immer in keinem Verhältnis zum Anlass steht, kannst du dir sicher sein, dass du unbewusst auf Dinge aus deiner Vergangenheit reagierst. Das mag dich schmerzen, kann aber auch sehr heilsam sein, wenn du dir klarmachst, dass die Vergangenheit vorbei ist und dein Lieblingsmensch anders ist als deine toxischen Verwandten.

Partnerschaften sind nicht einfach, weil letztlich vier Persönlichkeiten miteinander leben: du, dein inneres Kind, dein Lieblingsmensch und sein inneres Kind. Geraten sich ständig die inneren Kinder in die Haare, ist das eine große Belastung für die Beziehung.

Ich erinnere mich an ein befreundetes Paar, mit dem wir vor langer Zeit einmal essen waren. Unvermittelt gerieten die beiden in einen sich immer mehr aufschaukelnden Streit über ihr Menü. Für Außenstehende erinnerte dies stark an zwei kleine Kinder, die sich über ihr Spielzeug in die Wolle kriegen. Ich weiß nicht mehr, ob der eine die andere nicht von seinem Essen kosten lassen wollte oder worum es genau ging, aber es war irgendeine Lappalie – für mich. Für das Paar stand jedoch offensichtlich viel mehr auf dem Spiel. Unbewusst trugen sie einen Streit aus, der etwas mit ihrer jeweiligen Vergangenheit zu tun zu haben schien. Ansonsten hätte sich ihr eigentlich banales Problem niemals so zugespitzt. Ging es für sie um Lieben und Geliebtwerden? Über ihrem Streit vergaßen sie völlig, dass wir mit am Tisch saßen. Es war etwas peinlich, diese Szene mitzuerleben.

Leider gibt es nicht viele richtig gute Vorbilder für wohltuende Beziehungen. Nicht nur in der Realität, auch in der Mehrzahl der Filme, Songs und Romane geht es um Beziehungsprobleme, ohne dass konstruktive Auswege zu sehen sind, anklingen oder zur Sprache kommen. Liebesromane, -filme und -lieder ohne Drama gelten nicht wenigen als seicht.

Das braucht dich aber nicht davon abzuhalten, es selbst anders zu machen. Anregungen kannst du dir aus hilfreichen Ratgebern holen. Im Literaturverzeichnis findest du ein paar Bücher über gelingende Partnerschaften. Deren Grundsätze gelten für alle guten Beziehungen, sodass sich darauf eine eigene, wohltuende Familie aufbauen lässt.

Eine liebevolle Partnerschaft und Kinder

Fangen wir mit den Kindern an: Ob du welche willst oder nicht, ist deine Sache. Lass dir von niemandem deine Entscheidung vorschreiben. Du bist frei.

Ob du glücklich wirst oder nicht, hängt nicht von den Kindern ab. Es gibt sowohl Mütter wie Väter, die mit Kindern glücklich sind, und umgekehrt welche, die es nicht sind. So wie es Männer und Frauen gibt, die ohne Kinder glücklich sind, und solche, die es nicht sind.

Nach dem ABC der Gefühle ist dies sonnenklar, denn es sind nicht die Kinder, die glücklich oder unglücklich machen, sondern die Gedanken darüber; genau wie es nicht die Kinderlosigkeit ist, die glücklich oder unglücklich macht, sondern die Gedanken darüber.

Mit welchen Gedanken man sich jeweils glücklich oder unglücklich macht, kannst du dir an dieser Stelle selbst überlegen. Es ist eine gute Übung, das ABC der Gefühle besser zu verstehen.

Aus meiner Sicht gibt es gute und schlechte Gründe, Kinder zu bekommen. Manche Menschen fühlen sich schon früh zu Kindern hingezogen. Sie haben einen Draht zu ihnen. Sie lieben es, zusammen mit ihnen zu spielen, etwas mit Bauklötzen zu bauen und auf dem Boden herumzurollen. Alle Probleme, die mit Kindern verbunden sind, nehmen sie gerne in Kauf. Die Liebe zu Kindern ist ein guter Grund, selbst welche zu bekommen.

In Kindern die einzigen Freunde zu sehen, die man im Leben haben kann, ist kein guter Grund. Dazu sind Kinder nicht da, jedenfalls nicht in erster Linie. Denn was passiert, wenn die Kinder nicht so sind, wie man sich dies gewünscht hat? Kinder brauchen Freiheit, um sich entwickeln zu können, so, wie es ihnen entspricht, und nicht so, wie die Eltern oder andere Verwandte es verlangen. Was ist, wenn die Kinder später auswandern oder früh sterben? Letzteres entspricht bestimmt nicht den Wünschen der Eltern, und mit der Auswanderung verlieren sie den direkten Kontakt zu ihrem Nachwuchs. Eltern haben die Aufgabe, ihre Kinder zur Selbständigkeit zu erziehen, damit diese tun und lassen können, was sie wollen. Sind Eltern, die sich ihre Kinder als lebenslange Freunde wünschen, dazu in der Lage?

Nicht dass wir uns missverstehen: Die Beziehung der Eltern und anderer Verwandter zu ihrem Nachwuchs sollte von tiefem Wohlwollen geprägt sein. Diese Haltung werden die Kinder ihren Eltern auf dieselbe Weise danken. Aber wenn jemand glaubt, im Alter nicht einsam zu sein, weil er oder sie Kinder hat, kann dies zu einer großen Enttäuschung führen. Dafür sind die Partnerin, der Partner und die Freunde da, nicht unbedingt die Kinder, weil diese die Freiheit haben müssen, für sich zu entscheiden, ob sie in der Nähe ihrer Eltern leben wollen, wenn diese alt sind.

Wer nichts von Kindererziehung versteht, wird nicht viel Freude an seinen Kindern haben. Der sich hartnäckig haltende Glaube, dass jede Mutter und jeder Vater von allein wüsste, wie dies geht, wird durch die Realität widerlegt. Zwar haben die meisten Eltern im Umgang mit Kindern ein Gespür für den richtigen Weg. Das bedeutet aber nicht automatisch, dass sie immer von allein auf die richtigen Ideen kommen. Oft werden sie einfach hilflos sein. Wer sich nicht über Kindererziehung informiert, wird häufig in Muster verfallen, die von den eigenen Eltern stammen, oder das Gegenteil von dem darstellen, was man als Kind erlebt hat, was auch nicht unbedingt richtig sein muss. Viele Eltern können davon ein Lied singen. Sucht man Informationen über Kindererziehung, empfiehlt es sich außerdem, darauf zu achten, dass es keine Anleitungen zum Aufbau einer toxischen Familie sind.

Die manipulativen Erziehungsmethoden mit Angst machen, wahlweise ein schlechtes Gewissen, sind zwar besser als körperliche Gewalt, aber noch längst kein geeignetes Mittel, Kinder dabei zu unterstützen, zu selbstbestimmten Erwachsenen zu werden. Sätze wie »Mama/Papa ist traurig, wenn du das machst/nicht machst« geben den Kindern eine falsche Vorstellung davon, woher die Gefühle kommen.

Mir gefällt das Wort »Kindererziehung« ohnehin nicht besonders. So etwas wie »Skills Training« trifft besser, worum es geht, nämlich darum, Kindern bestimmte Fähigkeiten beizubringen, mit denen niemand geboren wird.

Was manche Eltern im Verhältnis zu ihren Kindern vermissen lassen, nämlich Erziehung, scheinen sie im Verhältnis zur Partnerin oder zum Partner wettmachen zu wollen. Es ist jedoch eine ganz schlechte Idee, diese erziehen oder umerziehen zu wollen.

Seine Lieblingsmenschen sollte man so lieben, wie sie sind, ohne Wenn und Aber. Sie zurechtbiegen zu wollen, zerstört die Beziehung. Es ist die Art, wie in toxischen Familien miteinander umgegangen wird.

Eine wohltuende Partnerschaft zeichnet sich durch Freiheit aus. Gute Beziehungen sind Wachstumsbeziehungen. Jeder und jede darf sich weiterentwickeln. Alte Wunden können heilen.

Dass Gegensätze sich anziehen, mag gelegentlich zutreffen. Aber in einer Partnerschaft lässt sich damit schlecht leben. Entweder stimmt ein Paar in den wesentlichen Grundfragen überein – selbst wenn sie das Gegenteil behaupten! – oder sie bleiben nicht lange zusammen.

Ein entscheidender Punkt in gelingenden Partnerschaften ist der Umgang mit Problemen. Wie werden Konflikte ausgetragen? Toxisch oder friedlich? Einige Paare vertragen sich nur, solange alles glattläuft. Bilden sich jedoch unterschiedliche Interessen heraus, schaffen sie es nicht, einvernehmliche Lösungen zu finden. Dann schwelen die Konflikte weiter und untergraben die Partnerschaft.

Eine gute Kommunikation bei Meinungsverschiedenheiten kann man lernen, allerdings nicht in toxischen Familien. Man muss im Umgang mit Partnerschaftsproblemen nicht einmal perfekt sein. Es genügt, wenn auch bei Konflikten klar bleibt, dass man den anderen liebt und möchte, dass es ihm gut geht.

Wohlgefühl und Spaß sind in glücklichen Partnerschaften die beiden wichtigsten Prioritäten. Beachtet man diese, ergibt sich der Rest (fast) von allein.

Wahlfamilie, Freundinnen und Freunde

Die Gründung einer eigenen Familie mit Kindern ist nicht für alle das richtige Modell einer Familie.

Eine Familie kann jeder Zusammenschluss von Menschen sein, mit denen man sich gut versteht und ein Leben lang zusammenbleiben will.

In diesem Sinne sind auch Familiengründungen mit Menschen denkbar, durch deren Adern nicht das gleiche Blut fließt. Beziehungen zu solchen Lebensgefährten können länger halten als manche Partnerschaft oder Verwandtschaftsbeziehung.

Jahrzehntelange Freundschaften sind zwar selten, aber nicht seltener als glückliche Familien. Dabei wünschen sich die meisten Menschen, zusammen mit anderen gemeinsam durchs Leben zu gehen. Zu einer Gruppe, einem Stamm oder einem Clan zu gehören, ist tief in uns verwurzelt. Durch gute und schlechte Zeiten, durch dick und dünn, durch Täler und über Höhen die Lebensreise gemeinsam zu unternehmen, ist für viele Menschen ein Traum. Das Motto der drei Musketiere »Alle für einen, einer für alle« ist ein Ausdruck dieses Bedürfnisses nach Nähe, Schutz und Geborgenheit.

Kinderbücher wie *Die Kinder von Bullerbü* von Astrid Lindgren handeln von solchen Gemeinschaften, die trotz gelegentlicher Probleme zusammenbleiben, viele Abenteuer bestehen und großen Spaß miteinander haben.

Doch auch in Romanen und Kinderbüchern kommen solche gelingenden Wahlfamilien selten vor. Die Abbildung der Probleme, Schwierigkeiten, Dramen, Tragödien und ungelösten Konflikte nimmt wesentlich mehr Raum ein. Es scheint leichter zu sein, die Wirklichkeit zu dramatisieren, als eine Vision zu entwickeln.

Gleichwohl beginnt alles mit einer Idee. Die Idee einer glücklichen Wahlfamilie muss kein Traum bleiben. Glückliche Familien und Wahlfamilien existieren. Wir könnten alle von ihnen lernen. Dann bliebe es nicht bei der Vision, sondern das Knowhow würde deren Verwirklichung ermöglichen.

Ohne zu lernen, die alten, toxischen Familienmuster zu überwinden und an ihre Stelle neue gesunde und glückliche Gewohnheiten zu setzen, wird sich nichts ändern.

Lebenslange Freundschaften sind genauso gefährdet wie Familienbeziehungen. Erst wenn man es schafft, alle Klippen zu umschiffen, wird der Traum von einer Geborgenheit vermittelnden Gemeinschaft Wirklichkeit.

Wie in einer Partnerschaft die Familie des anderen können bei einer Freundschaft die Freunde der Freundinnen zu einem Problem werden. Heiratet man immer die ganze Familie? Auf keinen Fall! Sich mit allen und jedem hundertprozentig zu verstehen, überfordert jede Gruppe. Deshalb empfiehlt es sich, auf die besten Freundschaften zu achten und die weniger guten zu tolerieren.

Um nicht allein zu sein, lassen sich viele Menschen von ihren Freunden und Freundinnen eine Menge gefallen. Grundsätzlich ist es gut, nicht zu empfindlich zu sein. Doch es gibt Grenzen. Jemand hat einmal gesagt, wer mehr liebe, sei der Schwächere. Wenn man das so sieht, wird Liebe zu einem Machtspiel.

Schwächere können leicht ausgenutzt werden, wenn sie es zulassen. So weit darf es in Freundschaften nicht kommen, dass der andere den Wunsch nach einer Beziehung missbraucht. Solche »Freundschaften« verdienen dann nicht mehr diesen Namen. Es gibt eine Alternative: sich bessere Freundinnen suchen!

Wahlfamilien zu gründen, ist in jedem Alter möglich. Es gibt zahlreiche Modelle, zum Beispiel Mehr-Generationen-Häuser, Haus- und Wohngemeinschaften für Senioren, Schwule, Lesben und Künstler. Mitunter schließen sich Hunderte Menschen zusammen, um Kommunen oder ein ganzes Dorf oder Stadtviertel zu gründen.

Dabei muss man allerdings damit rechnen, dass sehr viele ihre toxischen Familien unbewusst und unbearbeitet noch in sich tragen. Aber wie gesagt, Wahlfamilien und Freundschaften gelingen, wenn die alten Muster durchbrochen werden und alle am Wohlergehen der anderen interessiert sind.

Was du sofort tun kannst

Die Herkunftsfamilie kannst du dir nicht aussuchen, jedenfalls nicht nach der bei uns gängigen Meinung. In anderen Kulturen, die an Wiedergeburt glauben, ist es dagegen eine Frage des Karmas, in welche Familie du hineingeboren wirst.

Unabhängig davon hast du die Möglichkeit, eine eigene Familie zu gründen, die besser zu dir passt. Mehrere Modelle sind denkbar: eine Partnerschaft nach deinen Vorstellungen, mit oder ohne Kinder, oder eine Wahlfamilie, bestehend aus echten Freundinnen und Freunden, von denen einige zu Lebensgefährten werden können.

Egal, wie toxisch deine Familie ist oder war, die Aufgabe bleibt stets dieselbe: zur Liebe zu finden, angefangen bei der Selbstliebe, die dann immer weitere Kreise ziehen kann und mehr und mehr Menschen einbezieht.

Die Gründung einer glücklichen Familie beginnt mit einer Vision. Du überlegst dir, in was für einer Familie du leben und alt werden willst. Dabei kannst du deiner Fantasie freien Lauf lassen. Allein deine Wünsche zählen.

Deine Vision leitet dich. Schritt für Schritt lässt du sie Wirklichkeit werden. Alles, was du zu tun brauchst, ist, dich immer wieder zu fragen, ob du deiner Vision näher kommst oder dich von ihr entfernst. Wenn nötig, musst du deinen Kurs korrigieren. Letztlich ist dies eine lebenslange Aufgabe; denn eine Familie ist kein statisches Gebilde, sondern ständig in Veränderung begriffen.

Aber erst einmal darfst du von deiner Wunschfamilie träumen. Wie sieht sie in deiner Vorstellung aus?

Neunter Schritt: Inneren Frieden schließen mit der toxischen Familie

Wenn der äußere Frieden ein Traum bleibt

Oft beruhigt sich deine familiäre Situation, wenn du deiner toxischen Familie deine Unabhängigkeit beweist und deinen eigenen Weg gehst. Deine Familie stellt sich auf die von dir geschaffenen Tatsachen ein und respektiert, bis zu einem gewissen Grad, deine Entscheidungen. So kehrt ein relativer Frieden ein. Vielleicht sollte man eher von einem Waffenstillstand sprechen.

Dass sich deine Familie um 180 Grad dreht, bleibt in der Regel ein unerfüllter Traum. Diese Erwartung zu hegen, mündet nur in immer wiederkehrende Enttäuschungen. Das liegt nicht nur an deiner Familie, sondern mehr noch an deinen Erwartungen. Irgendwann solltest du einsehen, wirklich einsehen, dass deine Familie so ist, wie sie ist.

Zumindest einige deiner Verwandten werden sich nie ändern, auch nicht ein Stück weit. Sie setzen ihr toxisches Verhalten dir gegenüber fort, wenn du dich darauf einlässt.

Ändere dich und erwarte es nicht von deiner Familie.

Wenn der äußere Frieden ein Traum bleibt, wird es umso wichtiger, inneren Frieden mit deiner toxischen Familie zu schließen. Das ist unabhängig von der äußeren Situation möglich.

Nicht wenige Menschen hadern oft ihr Leben lang mit ihren Eltern oder anderen Verwandten, auch wenn diese bereits tot sind. Ohne es bewusst zu wollen, setzen sie damit das Leben in der toxischen Familie in ihrem Kopf fort. Imaginäre Auseinandersetzungen zeigen, dass der Weg zum inneren Frieden noch nicht gefunden wurde.

Wie das gelingen kann, darüber werden wir gleich sprechen. Zuvor ist es wichtig, sich die folgenden Punkte klarzumachen:

Dass die toxische Familie ein Teil von dir und deines Lebenswegs ist, gilt es zu akzeptieren. Ob du dich innerlich dagegen wehrst oder es als Fakt anerkennst, ist entscheidend. Was gewesen ist, ist vorbei. Jetzt geht es für dich darum, die richtigen Schlüsse daraus zu ziehen und deine Gegenwart und Zukunft zu gestalten.

Wenn du erwachsen bist, kann deine toxische Familie deine Wege nicht mehr stören. Gib ihr innerlich keine Macht mehr über dich, dann wirst du frei, zu tun und zu lassen, was du willst.

Nimm es nicht persönlich, wie deine toxische Familie zu dir ist. Es hat nichts oder wenig mit dir zu tun. Alte Familienmuster, die oft schon über viele Generationen bestehen, wirken fort. Du kannst jedoch einen Schlussstrich darunter ziehen und eine neue Tradition begründen, die gesünder und glücklicher ist.

Deinen Körper beruhigen

Inneren Frieden kann man über den Körper, den Geist oder die Seele finden.

Beginnen wir mit dem Körper.

Häufig verkrampft sich die Muskulatur, wenn man unter Stress steht. Diese Muskelverspannung interpretiert das Gehirn als Alarmsignal, was zusätzliche Reaktionen hervorruft.

Manche Menschen fragen sich, warum sie sich unruhig oder ängstlich fühlen, obwohl sie in Sicherheit sind und äußerlich alles ruhig ist. Dies liegt oft an einer chronischen Anspannung, die automatisch zu einer latenten Flucht-Kampf-Bereitschaft führt. Die damit einhergehende Unruhe ist von der Natur durchaus so beabsichtigt. Wer flüchten oder kämpfen muss, darf nicht entspannt sein und sich wohlfühlen.

Deshalb hilft in vielen Fällen die körperliche Entspannung am besten. Im Körper ist nicht nur eine Stressreaktion angelegt, sondern auch eine Entspannungsreaktion. Letztere kommt bei Dauerstress leider nicht mehr zum Zuge. Daher empfiehlt es sich, sie gezielt auszulösen.

Im Körper arbeiten zwei Nervensysteme gegeneinander: der Sympathikus und der Parasympathikus. Die Bezeichnungen leiten sich von altgriechischen Begriffen für Mitgefühl ab. Ärzte haben schon früh den Zusammenhang zwischen Körper und Seele (Gefühl) erfasst. Das Nervensystem verbindet beide miteinander. Die Verbindung von Körper, Geist und Seele ist die Grundlage der Psychosomatik, die als Body-Mind-Medizin einen neuen Namen bekommen hat.

Zurzeit wird die Bedeutung des Vagusnervs für die Gesundheit hervorgehoben. Er ist der größte Nerv des Parasympathikus und wird manchmal auch Ruhenerv oder Erholungsnerv genannt. Vereinfacht kann man sagen, dass der Sympathikus anregt und der Parasympathikus beruhigt. Beide sind Teil des vegetativen Nervensystems, das als autonom bzw. unwillkürlich angesehen wird. Das stimmt nur teilweise. Das Nervensystem arbeitet zwar auch unabhängig vom Willen. Es kann aber über verschiedene Variablen wie den Atem oder die Muskulatur beeinflusst werden. Was kein Wunder ist, da alles mit allem zusammenhängt. Auf der energetischen Ebene trifft das in jedem Fall zu.

Den im Körper, genauer gesagt in der Muskulatur, empfundenen Stress kann man loswerden, indem man seine Muskeln bewusst entspannt. Damit lässt sich eine angenehme Entspannung auslösen, die sich im ganzen Körper ausbreitet.

Die mit Stress einhergehende Verkrampfung kann sich in jedem Muskel zeigen: im Kiefer, der Stirn, den Augenbrauen, den Augen, dem Mund, den Lippen, der Zunge, den Schultern, den Händen, den Armen, dem Rücken, der Brust, dem Bauch, dem Beckenboden, den Füßen, den Ober- und Unterschenkeln sowie dem Zwerchfell, das für die Atembewegung zentral ist.

Alle diese Muskeln lassen sich bewusst entspannen. Dafür ist oft nicht mehr erforderlich als Aufmerksamkeit.

Du kannst beispielsweise den Körper von oben nach unten oder von unten nach oben systematisch durchspüren. Überall, wo du eine Verkrampfung bemerkst, lässt du los. Verkrampfungen spürst du, weil sie unangenehm sind. Umgekehrt fühlen sich entspannte Muskeln angenehm an. Du kannst also leicht feststellen, ob zum Beispiel Teile deines Gesichts verkrampft sind. In der Hektik des Alltags sind einem Verkrampfungen nicht immer bewusst. Erst wenn man gezielt seine Aufmerksamkeit auf die verschiedenen Regionen des Körpers lenkt, nimmt man sie wahr.

Ob du dich entspannst, merkst du daran, wie sich dein Körper anfühlt. Wird es angenehmer, signalisiert dies mehr Entspannung.

Zur Hilfe kannst du den Muskel, den du entspannen willst, vorher kurz anspannen. Dadurch wird dir der Unterschied bewusster. Grundsätzlich solltest du aber dahin kommen, ohne vorherige Anspannung – das machst du unbewusst sowieso schon – zur Entspannung zu kommen.

Muskelentspannung müssen die meisten Menschen erst wieder lernen. Als Babys waren wir total entspannt. Je mehr Stress wir erfahren, desto »normaler« wird die ständige Muskelanspannung, bis wir gar nicht mehr wissen, was Entspannung überhaupt ist und wie sie sich anfühlt.

Wenn ich meine Coachingklienten frage, ob sie täglich etwas für ihre Muskelentspannung tun, verneinen fast alle diese Frage. Viele haben von Entspannungsverfahren gehört oder sie ab und zu angewandt, aber täglich nehmen sich nur wenige dafür Zeit. Dabei ist es im Grunde so einfach. Von Natur aus sind wir entspannt. Daher gründet sich Muskelentspannung mehr auf Lassen als auf Tun. Trotzdem sage ich jetzt lieber nicht »Lass es«, sondern »Mach es«. Beruhige deinen Körper.

Dich von toxischen Gedanken und Gefühlen befreien

Die nächste Möglichkeit, innerlich Frieden mit der toxischen Familie zu schließen, besteht darin, sich von allen toxischen Gedanken, die deine Verwandten betreffen, zu befreien. Wegen des Zusammenhangs von Gedanken und Gefühlen verschwinden damit auch die toxischen Gefühle.

Heißt das, dass du dir etwas einreden sollst, was einfach nicht stimmt? Keineswegs, die Tatsachen bleiben unberührt. Aber damit sind wir schon bei einem entscheidenden Punkt: Was sind die reinen Tatsachen, und was die Bewertungen?

»Was meine Familie mir angetan hat, kann ich ihr niemals verzeihen«, ist beispielsweise ein Gedanke, der wenig Tatsachen und sehr viel Wertung enthält. Was genau ist mit »angetan« gemeint? Die Schlussfolgerung, nicht verzeihen zu können, ist keine Tatsache, sondern eine wertende Entscheidung, die zwischen Verzeihen und Nichtverzeihen zugunsten des Nichtverzeihens ausgefallen ist.

Damit will ich nicht Partei ergreifen für das Verzeihen. Mir ist dieser Begriff zu unbestimmt. Manche scheinen damit so etwas wie »vergeben und vergessen« zu meinen. Bei anderen habe ich den Eindruck, sie meinen, dass man seine Peiniger lieben solle. Beides scheint mir problematisch. Wieso vergessen? Im schlimmsten Fall führt dies dazu, dass sich das toxische Verhältnis fortsetzt. Aus der Vergangenheit zu lernen, um für die Gegenwart und Zukunft die richtigen Schlüsse daraus zu ziehen, bewahrt einen davor.

Seine Peiniger lieben? Das halte ich für übertrieben. Von Verbitterung, Zorn oder Hass umzuschalten auf Vergebung und herzliche Gefühle, ist ein zu großer Schritt. Vergebung setzt auf Seiten der toxischen Personen aus meiner Sicht zumindest Einsicht, Reue und Wiedergutmachung voraus. Sonst ist es reines Wunschdenken, als ob Vergebung von allein alles in Ordnung brächte.

Worum es beim inneren Frieden wirklich geht, ist etwas anderes. Die toxischen Gedanken und Gefühle müssen neutralisiert werden, wenn man mit der Vergangenheit ins Reine kommen will. Solange man nicht an das Geschehene denken mag, schlummern in einem Einstellungen und Emotionen, die Energie kosten, um sie zurückzudrängen. Erst wenn man sich erinnern kann, ohne dass einen die Gefühle und Gedanken zu überwältigen scheinen, ist die Arbeit getan. Ich spreche von Arbeit, weil es anfangs tatsächlich schwierig ist, sich mit seiner Innenwelt auseinanderzusetzen. Ich erinnere mich, dass ich beispielsweise anfangs oft mit einem etwas mulmigen Gefühl meditierte, weil ich nicht wusste, was dabei in mir aufsteigen könnte. Das lag auch daran, dass ich kritiklos falsche Modelle der Psyche übernommen hatte. Insbesondere die Psychoanalyse stellt das Unbewusste als ein unheimliches Dunkelgebiet dar, in dem alle möglichen destruktiven Impulse, schrecklichen Gedanken und übermächtigen Gefühle lauern. Nichts davon ist wahr. Solche Darstellungen des Bewusstseins sind nur dazu geeignet, einem Angst zu machen. Vor seinen Gefühlen, Gedanken und Impulsen braucht man jedoch keine Angst zu haben. Wir behalten jederzeit die Kontrolle, wie wir auf die Erscheinungen unseres Innenlebens reagieren wollen. Allein der Gedanke, wir könnten die Kontrolle verlieren, ist es, der zutiefst beunruhigend ist.

Wir können unsere Gefühle aushalten. Es sind nur Gefühle. Wir sind mehr als unsere Gefühle. Wir können sie beobachten und fühlen, auch wenn sie sehr, sehr unangenehm sind. Sie kommen und vergehen von allein wieder. Der ängstliche Gedanke, sie würden für immer bleiben und wir könnten nie wieder glücklich und gelassen sein, ist eben dies: ein ängstlicher Gedanke.

Dabei machen wir oft genau das, jedenfalls bevor wir das Ganze verstanden haben:

- Angst vor der Angst
- Wut auf die Angst
- Depression wegen der Angst
- Angst vor der Depression

- Depression wegen der Depression
- Wut auf die Depression
- Angst vor der Wut
- Depression wegen der Wut
- Wut auf die Wut.

Noch einmal: Gefühle sind einfach nur Gefühle, Gedanken einfach nur Gedanken und Impulse einfach nur Impulse. Sie haben keine Macht über uns, es sei denn, wir geben ihnen diese. Ob wir ihnen Macht geben und wie viel, unterliegt unserer Kontrolle. Dessen sind sich die meisten Menschen nur leider nicht bewusst, weil sie sich Meinungen über Gefühle, Gedanken und Impulse bilden, die genau die Probleme schaffen, vor denen sie Angst haben.

Es ist Arbeit, anders als bisher zu denken und die eigenen Gefühle auszuhalten.

Umzudenken ist schwierig, wenn man es nicht gewohnt ist, seine Überzeugungen infrage zu stellen. Viele Menschen sind überkritisch, was sie, andere und die Welt betrifft, jedoch nicht selbstkritisch, was ihre Überzeugungen angeht. Sie glauben alles, was sie denken. Das ist jedoch ein großer Fehler, weil man fast täglich Meinungen übernimmt, ohne sie zuvor gründlich geprüft zu haben mit Fragen wie diesen:

- Stimmt das?
- Stimmt das wirklich?
- Woher weiß ich, dass das stimmt?
- Stimmt vielleicht eher das Gegenteil?
- Hilft mir das, so zu denken?
- Wie fühle ich mich damit?

Das sind die kritischen Fragen, die wir uns öfter in Bezug auf unsere Überzeugungen stellen sollten, besonders wenn wir feststellen, dass diese uns weder weiterhelfen noch sich gut anfühlen.

Gefühle auszuhalten, kann man lernen. Die erste Reaktion ist, sie entweder zu unterdrücken oder zu vermeiden. Beides ist auf Dauer nicht hilfreich. Wie gesagt, man kann seine Gefühle aushalten. Sie zerreißen einen nicht, sie können einen nicht überwältigen, sie bringen einen nicht um. Auch wenn es einem manchmal so vorkommen mag, aber das sind einfach nur Gedanken über die Gefühle.

Ich treffe manchmal Menschen, die von Gefühlen schwärmen. »Gefühle sind toll, sie sind wunderbar«, sagen sie. Wirklich? Finden sie das auch noch inmitten von Panik, Depression, Zorn, Eifersucht, Ekel und Neid? Wenn ja, Chapeau! Die meisten möchten nur in Ekstase, Liebe, Wohlgefühl, Begeisterung und innerem Frieden schwelgen.

Und wie lernt man nun, negative, unangenehme, toxische Gefühle zu ertragen? Am besten in kleinen Schritten, indem man sich ihnen nur kurz und in geringen Dosierungen aussetzt. Dann macht man die Erfahrung, dass man stärker ist als sie. Langsam kann man die Dauer und Intensität erhöhen, bis man jedes Gefühl aufhält, selbst wenn es häufig, lange und sehr intensiv auftritt.

Dabei wird man feststellen, dass die schwer erträglichen Gefühle sich ab einem bestimmten Punkt nicht mehr steigern, sondern abnehmen, kürzer und seltener werden. Wahrscheinlich suchen sie sich jemand anderen, der mit ihnen noch nicht umgehen kann!

Die Befreiung von negativen, toxischen Gefühlen sieht also anders aus, als die große Mehrheit glaubt. Die Befreiung besteht nicht darin, diese Gefühle nie wieder zu fühlen. Das wäre nicht wünschenswert, weil Ängste, Trauer, Enttäuschung und Ärger durchaus ihren Platz im Leben haben. Sie erfüllen sinnvolle Funktionen. Nein, die wahre Befreiung liegt darin, zu erleben, dass man stark genug ist, alle Gefühle zu fühlen. Den Weg dahin wollen jedoch viele nicht gehen, weil er beschwerlich ist. Auch ich habe lange versucht, unangenehme Gefühle zu vermeiden. Doch ist dies eindeutig der falsche Weg. Indem man die schwierigen Emotionen zurückweist, schneidet man sich auch von den schönen Gefühlen ab.

Darüber zu lesen und mit dem Kopf zu nicken, ist nicht dasselbe, wie den Weg zu gehen. Ohne die konkrete Erfahrung, jedes einzelne Gefühl aushalten zu können, ändert sich nichts. Dann zuckt man wieder zusammen, wenn es emotional ungemütlich wird. Was übrigens als erste Reaktion normal ist. Wie es danach weitergeht, ist entscheidend. Ob man flüchtet, kämpft oder gelassen zusieht, wie die Emotion kommt, eine Weile bleibt und dann vergeht.

Gelassen zusehen? Wie soll das gehen, wenn man in Panik ist? Es ist immer nur ein Teil von einem in Panik. Ein anderer Teil bleibt unerschütterlich, in der Mitte des Wirbelsturms. Dort herrscht seltsamerweise große Ruhe. Geborgen in dieser Sicherheit ist es möglich, emotionale Stürme zu ertragen.

Allzu oft wird gesagt, etwas sei unerträglich. Doch das trifft nicht zu. Es ist erträglich, wenn auch zu Beginn nur schwer. Mir hat geholfen, jemanden kennenzulernen, von dem ich den Eindruck hatte, dass er mit jedem Gefühl in jeder Stärke mitgehen kann, gänzlich unerschrocken. Es gibt Menschen, die das können. Du kannst dasselbe lernen.

Detox-Meditation

Meditation erfüllt gleich mehrere Zwecke:

Erstens schult sie die Bewusstheit.

Normalerweise folgen wir Gewohnheiten, ohne uns ihrer bewusst zu sein. Bewusstheit ermöglicht uns, aus den Automatismen auszusteigen und geistesgegenwärtig unsere Gedanken, Gefühle, Worte und Handlungen zu steuern. Geistesabwesend zu sein, ist unser Normalzustand. Das kann so weit gehen, dass wir nicht einmal genau wissen, was wir gegessen haben, wie es geschmeckt hat, welche Wege wir gegangen sind und mit wem wir worüber gesprochen haben. Vieles geschieht, ohne dass wir mit unserer Aufmerksamkeit wirklich dabei sind. Wir nehmen kaum wahr, was wir denken, was wir fühlen und was wir tun. Diese Geistesabwesenheit hat mit dem Auftauchen von Smartphones noch zugenommen. Auf den Straßen laufen zahlreiche »Smombies«, Menschen, die durch ihr Smartphone so abgelenkt sind, dass sie ihre Umwelt kaum noch wahrnehmen. Mehrfach haben schon Fußgänger entgeistert vor mir gestanden, weil sie glaubten, dass alle anderen ihnen ausweichen würden. Sorry, aber das funktioniert bei mir nicht!

Zweitens stärkt Meditation die Ausrichtung der Aufmerksamkeit.

Alle, die geistesgegenwärtig sind, wissen, was sie tun. Sie können ihre Gedanken, Gefühle, ihre Kommunikation und ihr Handeln bewusst steuern. Ohne Aufmerksamkeit ist keine bewusste Steuerung möglich. Der Fokus folgt den Gewohnheiten. Man gerät in eine Art AC-Zustand. Umweltreize scheinen Reaktionen in einem auszulösen. In Wirklichkeit steuert auch in diesen Fällen das B, die Bewertung durch Gedanken, die Reaktion, nur vollkommen unbewusst. Es wird das Standard-B wirksam, wie bei Computern die Voreinstellung. Indem man sich seiner selbst und seiner Umwelt voll bewusst wird, kann man seinen Fokus willentlich steuern.

Drittens schaltet Meditation den inneren Beobachter ein.

Solange wir unbewusst sind, identifizieren wir uns vollständig mit unseren Gedanken, Gefühlen, Worten und Handlungen. Wir sind aber mehr als das. Ein Teil von uns ist in der Lage, unsere Reaktionen zu beobachten und achtsam zu steuern. Der innere Beobachter ist die Ruhe in Person. Er macht nichts außer beobachten. Allerdings kann er in entscheidenden Momenten auch die Regie übernehmen. Eine gute Regisseurin beobachtet, was auf der Bühne passiert, und greift nur ein, wenn eine Korrektur notwendig ist. Danach kehrt sie wieder zum reinen Beobachten zurück.

Wir könnten nicht die ganze Zeit voll bewusst sein. Das wäre zu anstrengend. Gewohnheiten erleichtern uns Routineabläufe im Alltag. Aber wenn es darauf ankommt, sollten wir aufwachen, beobachten und achtsam handeln.

Viertens öffnet sich in der Meditation eine Oase des inneren Friedens.

Für kurze Augenblicke verschwinden alle Gedanken und Gefühle. Dann bleibt nur noch eines: unendlicher Frieden und Wohlgefühl. Man kann dies nicht erzwingen. Es passiert in der Meditation von allein, wenn das Ego, das heißt die Gedanken und Gefühle, Ruhe gibt. Diese tiefe Ruhe ist sehr heilsam und klingt noch eine Zeit lang nach. Man kann sie jedoch nicht festhalten und sollte es erst gar nicht versuchen. Das führt nur zum Gegenteil.

Fünftens ist Meditation eine gute, milde Übung im Aushalten-Lernen.

Während der Meditation konkurrieren viele innere und äußere Reize um deine Aufmerksamkeit: Gedanken, Gefühle, Körperempfindungen, Lärm von außen, Lichtreflexe, Gerüche, Stimmen von deinen Nachbarn und vieles mehr.

Du nimmst das wahr und achtest wieder auf deinen Atem. Der Atem steht im Mittelpunkt.

Am Anfang wirst du die Ablenkungen wahrscheinlich als Störungen betrachten. Aber sie sind unvermeidbar und gehören dazu. Lerne, sie auszuhalten, und achte weiter auf deinen Atem.

Meditation ist allerdings keine Übung in Masochismus. Wenn du beispielsweise merkst, dass du auf die Toilette musst, dann stehst du auf, erledigst das und meditierst für die übrige Zeit weiter.

Falls dir Dinge einfallen, an die du später denken willst, leg dir einen Zettel und einen Stift bereit. Nimmt das allerdings überhand, dann betrachte es als deine kreative Zeit. Es ist dann keine Meditation. Setz dich später noch ein zweites Mal hin, um nur auf deinen Atem zu achten.

Nun zum praktischen Teil. Wie meditiert man am besten? Darüber gehen die Meinungen weit auseinander. Meditationen gibt es wie Sand am Meer.

Ich möchte dir hier eine ganz einfache Meditation vorstellen, die ohne alle Hilfsmittel wie Yogamatte, Sitzkissen oder App auskommt. Es ist gewissermaßen die Urform aller Meditationen, so wie Buddha meditiert hat. Dieser hatte weder ein Smartphone noch einen Schrein.

> Du setzt dich bequem hin,
> schließt die Augen und
> achtest auf deinen Atem.
> Das ist alles.

Zur Sitzhaltung: völlig gleichgültig. Hauptsache, du kannst ein paar Minuten sitzen, ohne dass es drückt oder wehtut.

Zum Schließen der Augen: optional, hilft aber bei der Konzentration.

Zur Atemachtsamkeit: das Einzige, worauf es ankommt. Die Aufmerksamkeit auf den Atem richten. Wo du den Atem wahrnimmst, ist egal, ob in der Nase, im Rachen, in der Kehle, in der Brust oder im Bauch. Wenn du sehr sensibel bist, spürst du die Atembewegung im ganzen Körper.

Stille ist keine Voraussetzung beim Meditieren. Lärm ist willkommen. Alles ist willkommen. Ablenkungen stärken deine Aufmerksamkeit auf den Atem.

Du setzt dich hin mit der Intention, nur auf deinen Atem zu achten. Ohne eine klare Absicht wird es dir noch schwerer fallen, beim Atem zu bleiben.

Du kannst so lange meditieren, wie du willst. Es gilt nicht: Je länger, desto besser. Eher schon: Je öfter, desto besser. Die Chance, inneren Frieden zu finden, wächst mit der Minutenzahl. Zwanzig Minuten reichen dafür nicht aus. Meditierst du 45 Minuten, wirst du feststellen, wie herausfordernd es ist, so lange nur beim Atem zu bleiben.

Am besten, du meditierst, um zu meditieren, ohne weitere Absichten. Wohlbefinden ist keine Voraussetzung. Es gibt weder gute noch schlechte Meditationen. Jedes Mal ist es anders. Wenn du diese Erfahrung machst, ist das ein Fortschritt. Das Ego wird dir einreden wollen, dass du gut oder schlecht meditiert hast oder dass es heute bestimmt nicht klappen wird. Es hat aber nichts zu »klappen«. Du sitzt einfach da und richtest, so gut du kannst, deine volle Aufmerksamkeit auf den Atem.

Du kannst dir einen Wecker stellen, der das Ende der Meditation signalisiert, oder auf die Uhr schauen (aber nicht ständig!). Am Anfang ist es hilfreich, dir eine bestimmte Dauer vorzunehmen, also fünf, acht, fünfzehn oder zwanzig Minuten, damit du nicht aufspringst, wenn es dir langweilig wird. Langeweile ist nur eine weitere Ablenkung. Achte wieder auf den Atem, wenn sie auftaucht.

Meditiere täglich.

Das ist jetzt aber wirklich alles.

Was du sofort tun kannst

Du könntest jetzt sofort für fünf Minuten meditieren.

Zur Erinnerung: Wohlbefinden und innerer Frieden sollten für jede und jeden Priorität haben, besonders wenn man aus einer toxischen Familie kommt. Dort hatte weder das eine noch das andere Vorrang, ganz im Gegenteil. Umso wichtiger ist es, von nun an jeden Tag etwas dafür zu tun.

In Betracht kommen neben der Meditation auch Entspannungsübungen. Das kann so etwas Einfaches sein wie sich auf den Boden, das Sofa oder das Bett zu legen, die Augen zu schließen und loszulassen. Oder einmal das Gesicht durchzuspüren, wo sich besonders schnell Spannungen in den Augenbrauen, dem Mund oder dem Kiefer aufbauen.

In dem Maße, in dem du durch Meditation bewusster wirst, könntest du außerdem auf deine Gefühle und Gedanken achten. Wenn du schlechte Laune hast, liegt es immer an deinen Gedanken. Überleg dir, ob du wirklich schlecht gelaunt sein willst. Wenn nicht, mach dir die Gedanken bewusst, mit denen du deine innere Stimmung schaffst. Entsprechen diese Gedanken den reinen Tatsachen? Oder bewertest du die Tatsachen negativ? Helfen dir deine schwarzen Gedanken in irgendeiner Weise? Wenn nicht, finde Gedanken, die für inneren Frieden sorgen oder dir Hoffnung machen.

Zehnter Schritt: Über die Familie hinausgehen

Zeitperspektiven

Philip Zimbardo, ein amerikanischer Psychologieprofessor, hat die Lehre von den Zeitperspektiven entwickelt. Sie stellt ein hervorragendes Instrument dar, um sich seiner Gedanken bewusst zu werden und die toxische Familie in größeren Zusammenhängen zu sehen.

Zimbardo nennt folgende Zeitebenen:

- Vergangenheit
- Gegenwart
- Zukunft
- Transzendentale Zukunft

Die ersten drei dürften klar sein. Mit der vierten meint er die Zeit nach dem Tod. Ob es sie wirklich gibt, spielt dabei keine Rolle. Tatsache ist, dass Menschen sich Gedanken über diese Zeitperspektive machen, und zwar auf verschiedene Weise, wie sich gleich zeigen wird.

Jede dieser vier Zeitperspektiven erlaubt zwei Betrachtungsweisen: eine negative und eine positive.

So ergeben sich insgesamt acht Zeitperspektiven, die wir jede für sich kurz beleuchten wollen:

- Die positive Vergangenheit
  Hierunter fallen alle vergangenen Ereignisse persönlicher, familiärer oder zeitgeschichtlicher Art, die man als gut ansieht.
- Die negative Vergangenheit
  Sie umfasst sämtliche vergangenen Geschehnisse, die man negativ bewertet.
- Die positive Gegenwart
  Hierzu zählen die gegenwärtigen Dinge, die einem gefallen. Sie können sich auf einen selbst, die Familie, andere Menschen, Pflanzen, Tiere, Filme, Kunst und so weiter beziehen, solange sie weder vergangen noch zukünftig sind.
- Die negative Gegenwart
  Dies sind die gegenwärtigen Dinge, die einem missfallen.
- Die positive Zukunft
  Jeder macht sich Vorstellungen von der Zukunft. Soweit sie hoffnungsvoll sind, fallen sie in diese Kategorie.
- Die negative Zukunft
  Alle, die die Zukunft schwarzsehen, bewegen sich auf dieser Zeitebene.
- Die positive transzendentale Zukunft
  Ich sagte oben, dass Menschen sich Gedanken über die Zeit nach dem Tod machen. Hegen sie positive Erwartungen an die über das Leben hinausgehende Zeit, leben sie in Vorfreude darauf, trifft die Kategorie der positiven transzendentalen Zukunft auf sie zu.

- Die negative transzendentale Zukunft
  Der andere Teil der Menschen erwartet nichts Gutes nach dem Tod. Dabei kann es sich beispielsweise um die Hölle oder ein die Existenz vernichtendes Nichts handeln.

Jeder Mensch bevorzugt bestimmte Zeitperspektiven.

Wir kennen alle die Nostalgikerinnen, die gerne an die Vergangenheit zurückdenken. Manche betrachten die Vergangenheit als ihre glücklichste Zeit.

Dann gibt es die Nörgler. Sie finden in der Gegenwart an allem etwas auszusetzen. Ihre Lieblingsperspektive ist die negative Gegenwart.

Pessimisten wiederum lieben die negative Zukunft. Sie ergehen sich darin, in allen Einzelheiten zu schildern, wie alles immer schlechter werden wird. Das Unheil ist noch nicht da, aber es wird kommen, meinen sie.

Belassen wir es bei diesen Beispielen.

Die toxische Familie betrifft in jedem Fall die negative Vergangenheit, wahrscheinlich die negative Gegenwart und eventuell die negative Zukunft.

Um sich von der toxischen Familie innerlich zu befreien, ist es äußerst hilfreich, sich klarzumachen, dass es auch noch die positiven Zeitebenen gibt.

Auch wenn es so aussehen mag, als ob in der Vergangenheit keine erfreulichen Erlebnisse stattgefunden hätten, lohnt es sich, genauer darüber nachzudenken. Sofern man die negativen Perspektiven bevorzugt hat, fällt es einigermaßen schwer, diese ausfindig zu machen. Doch bei gründlicherem Hinsehen entdeckt man vielleicht doch einige schöne Erinnerungen, sogar an die im Übrigen toxische Familie.

Wenn ich zum Beispiel an meine Mutter zurückdenke, fallen mir eine Menge positive Erinnerungen an. In ihren guten Momenten war sie eine mitfühlende, warmherzige, humorvolle, kluge Frau, die ich sehr mochte. Im Kreise der Familie haben wir uns manchmal schlappgelacht. Sie war eine sehr gute, lebenslustige Tänzerin. Beim großen Frühjahrsputz sind wir einmal – ich war zehn Jahre alt – zur beschwingten Musik aus dem Radio über die aufgerollten Teppiche und vorbei an den zur Seite gestellten Möbel getanzt. Diese Seite hatte sie zum Glück auch. In den fast fünfzig Jahren, die ich sie kannte, ist sie nie tanzen gegangen. Wie schade!

Selbst meinen Vater, den ich wenig kennengelernt habe, kann ich in einem positiven Licht sehen. Dabei muss ich mich allerdings mehr auf die Erzählungen meiner Verwandten stützen.

Anders als die Vergangenheit, die unabänderlich ist, lassen sich die Gegenwart und die Zukunft gestalten. Hier geht es vor allem darum, sich mit oder ohne seine Familie viele schöne Erlebnisse zu schaffen. In der Vorstellung lässt sich dies vorwegnehmen.

Die positive transzendentale Zukunft möchte ich auch noch kurz ansprechen, auch wenn sie in diesem Buch keinen besonderen Platz einnimmt. Die eine Möglichkeit ist, sich keine Gedanken über die Zeit nach dem Tod zu machen. Manche Menschen können dies. Die meisten aber überlegen schon, was nach dem Tod wohl kommen wird.

Wiederholt haben Untersuchungen gezeigt, dass spirituelle Menschen glücklicher und gesünder sind. An einen Gott, das Universum, das höhere Selbst, das innere Licht, oder wie immer man dies nennen will, zu glauben, stärkt offenbar die Lebenskräfte.

Die Beziehung zu einer Kraft, die größer ist als man selbst, wirkt sich, wenn man sie positiv sieht, auch schon positiv auf die Gegenwart aus.

Für viele Menschen ist die Verbindung mit der Spiritualität die zweitwichtigste Beziehung – nach der Freundschaft zu sich selbst – in ihrem Leben, wenn nicht die wichtigste.

Ich will an dieser Stelle nichts weiter dazu sagen. Jedenfalls könnte es sich lohnen, sich mit der positiven transzendentalen Zeitperspektive zu beschäftigen. Sie stellt potenziell eine enorme Kraftquelle dar.

Die toxische Familie rückt mithilfe der Lehre von den Zeitperspektiven ins richtige Verhältnis. Es gibt mehr in dieser Welt als nur die negative Seite der Familie, in der man groß geworden ist.

Es ist nie zu spät, eine glückliche Kindheit zu haben

Nicht wenige Menschen glauben, dass die Kindheit für das gesamte spätere Leben prägend sei. Inwieweit das wirklich zutrifft, hängt davon ab, was man unter »Prägung« versteht. Ursprünglich bezeichnet der Begriff das Schlagen von Münzen. Durch Druck wird die Münze geformt, sodass eine Figur, Gestalt oder Schrift ihre Oberfläche ziert. Nach der Prägung sind ihre charakteristischen Elemente nicht mehr veränderbar.

Was für Münzen wahr ist, trifft auf Menschen nicht zu. Diese bleiben ein Leben lang formbar, anders als man einst dachte. Die Wissenschaft ging früher von der Unabänderlichkeit des Gehirns aus. Was sich darin eingebrannt habe, bleibe für immer. Bereits am Begriff des Einbrennens ist zu erkennen, dass die

Denkweise einer mechanistisch verstandenen Welt entspringt. Das hat sich geändert. Heute weiß man, dass das menschliche Gehirn ein Leben lang formbar ist. Man spricht von der Plastizität des Gehirns.

Für das Gehirn anderer Lebewesen trifft das überhaupt nicht oder nur in geringerem Maße zu. Tatsächlich werden Tiere bereits in ihren ersten Tagen oder Wochen nach der Geburt »geprägt«. Sie passen sich einmal an ihre Umwelt an, und dabei bleibt es dann.

Versteht man unter »Prägung« dagegen einen starken Einfluss, dann lässt sich das von der Kindheit durchaus sagen. Sie bleibt immer ein Teil von uns, jedoch nur ein Teil. Es stimmt zwar, dass viele Menschen sich im Erwachsenenalter nicht mehr oder kaum noch ändern. Das hat allerdings nur damit zu tun, dass sie nichts mehr dazulernen.

Gewohnheiten lassen sich, wenn auch mit etwas Mühe, ändern. Wie das gehen soll, ist etlichen ein Rätsel. Dabei ist es im Kern nichts anderes als Training, mit dem Ziel, neues Denken, Fühlen, Reden oder Handeln einzuüben. Übung erfordert, dass man sich über eine längeren Zeitraum ganz bewusst auf das konzentriert, was man lernen möchte, so lange, bis ein neuer Automatismus entstanden ist.

Was bedeutet es nun, später im Leben noch eine glückliche Kindheit zu erleben? Lässt sich die Vergangenheit doch ändern? Hier hilft die Lehre von den Zeitperspektiven. Wie wir gesehen haben, umfasst sie die positive wie die negative Vergangenheit. Es kommt darauf an, wohin man seine Aufmerksamkeit und seine Erinnerungen lenkt.

Ich sagte zu Beginn des Buchs, dass ich meine Kindheit als glücklich betrachte. Mir fallen sofort viele Dinge ein, die ich geliebt habe. Ich bevorzuge die positive Vergangenheit. In der negativen Vergangenheit halte ich mich seltener auf. Natürlich gab es auch schon in meiner Kindheit negative Erfahrungen. Aber sie spielen in meinem Bewusstsein keine vorherrschende Rolle.

Indem man sich bewusst auf das Gute in seiner Kindheit fokussiert, bekommt sie eine andere Bedeutung.

Eine glückliche Kindheit kann man auch als Metapher für ein glückliches, unbeschwertes Leben verstehen. Die Kindheitserfahrungen bestimmen nicht zwangsläufig die Gegenwart und Zukunft. Dafür ist allerdings ein Umlernen in allen Bereichen erforderlich, in denen toxische Muster übernommen wurden.

Schließlich besteht tatsächlich die Möglichkeit, sich einige Kindheitsträume noch nachträglich zu erfüllen. Dazu ist es nie zu spät. Ich kenne zum Beispiel eine Frau, die Gesangsunterricht genommen hat, weil diese Fähigkeit bei ihr als Kind nicht entwickelt wurde. Wer macht das? Aber es ist möglich!

Du hättest als Teenagerin gerne Gitarre spielen gelernt, nur hat dir niemand dabei geholfen? Kauf dir eine Gitarre und lerne es jetzt!

Deine Eltern haben dir keine Tanzstunden spendiert, obwohl du gerne tanzen gelernt hättest? Melde dich sofort bei der nächsten Tanzschule an!

Dein Wunsch nach deiner Lieblingspuppe, dem Waldbären, Totoro oder der Tigerente wurde nicht erfüllt? Finde einen Spielzeugladen, der diese Dinge hat! In Berlin kenne ich einen zauberhaften, magischen Laden, vollgestopft bis an die Decke mit dem Zeug zum Spielen, mit allem, wovon eine Kinderseele nur zu träumen vermag. Auch das Internet erlaubt den Kauf längst vergangen geglaubter Spielzeuge!

Das Kind in dir wird sich riesig freuen, wenn du ihm den einen oder anderen Wunsch nachträglich erfüllst.

Der finnische Psychiater Ben Furman hat 1996 in zwei Zeitschriften seines Landes alle Leserinnen und Leser, die eine schwierige Kindheit hatten, gebeten, ihm zu schreiben und dabei vor allem drei Fragen zu beantworten:

1. Was hat Ihnen geholfen, Ihre schwierige Kindheit zu überstehen?
2. Was haben Sie aus Ihrer schwierigen Kindheit gelernt?
3. Wie haben Sie es hingekriegt, später die Art von Erlebnissen zu haben, die Ihnen als Kind vorenthalten wurden?

Daraufhin erhielt er 300 Zuschriften, die er in dem Buch *Es ist nie zu spät, eine glückliche Kindheit zu haben* verarbeitet hat.

Nachdem er die Briefe gelesen hatte, war er überzeugt, dass Menschen nahezu alles überleben können. Mehr noch: Menschen können ihre Vergangenheit und selbst das schlimmste Leiden in eine Quelle der Stärke statt der Schwäche verwandeln.

Aus einer toxischen Kindheit kann etwas Positives für die Zukunft entstehen. Ich habe in meinem Buch *Stärker als das größte Leid* ebenfalls einige beeindruckende Biografien geschildert, wo Menschen teilweise extremes Leid überwunden haben. Sie haben sich durch ihre Vergangenheit nicht daran hindern lassen, ein glückliches, erfülltes Leben zu leben.

Die toxische Kindheit muss nicht zum Schicksal werden.

Dein Lebensplan

Hast du einen Lebensplan? Nur wenige besitzen einen. Die allermeisten Menschen schlagen sich mit den Problemen des Alltags herum, sie müssen Geld verdienen, ihren Haushalt am Laufen halten, und damit ist ihre Energie auch schon erschöpft. Für einen Lebensplan steht keine mehr zur Verfügung. Dabei ist ein solcher Plan etwas, das wenig Energie kostet, dafür aber umso mehr gibt.

Natürlich existiert so eine Art Standardlebensplan. Dieser sieht so aus: heiraten, einen Sohn und eine Tochter bekommen, ein Haus bauen, ca. fünfzig Jahre montags bis freitags acht Stunden nach Maßgabe des Arbeitsmarktes arbeiten, ein bis zwei Pauschalreisen im Jahr machen, Versicherungen abschließen, die Altersrente verdienen, mit der Familie und den Schwiegereltern streiten, die Enkelkinder mit betreuen, immer mal wieder mit gesundheitlichen Problemen kämpfen, jede Menge Stress haben, im Alter die unvermeidlich erscheinenden Krankheiten entwickeln, schließlich mit den Kräften nachlassen, ins Alters- oder Pflegeheim ziehen und dann, entsprechend der allgemeinen Lebenserwartung, im Alter von etwa 78 Jahren sterben.

Verlockend? Alternativlos? Abschreckend?

Das musst du entscheiden. Es ist dein Lebensplan. Du kannst den Standardlebensplan buchen oder dir selbst einen entwerfen. Falls du vom üblichen Lebensweg abweichen willst, musst du kreativ werden und Antworten auf Fragen wie diese finden:

- Wie willst du leben?
- Wie stellst du dir deine Zukunft vor?
- Glaubst du, dass dein Plan Wirklichkeit werden kann?
- Wenn ja, warum? Falls nein, warum nicht?
- Wie sieht dein Traumberuf aus?
- Was ist deine Idealvorstellung von einer eigenen Familie?

Ich weiß nicht, wie deine Antworten aussehen. Ich weiß nur, was passieren wird, wenn du keinen persönlichen Lebensplan entwickelst. Dann drängt dir die Gesellschaft den Standardlebensplan auf. Du wirst zum Spielball von denen, die genau wissen, was sie wollen. Ohne eigenen Lebensplan hast du nichts in der Hand, worüber du mit anderen verhandeln kannst. Wenn dir niemand ein Ziel vorgibt, wirst du nur herumsitzen und die Zeit totschlagen. Du wirst das Gefühl haben, dass du gelebt wirst, statt zu leben. Irgendwie fehlt dir immer etwas Wesentliches. Bloß dass du nicht weißt, was.

Einen Lebensplan kannst du übrigens in jedem Alter machen. Manche wissen schon mit fünf Jahren, was sie später einmal werden wollen (Mozart!). Einige träumen mit siebzehn die schönsten Träume. Danach verlieren sie diese allerdings meistens wieder, weil sie sich davon abhalten lassen, ihre Vorstellungen vom Leben konsequent in die Tat umzusetzen, bis sie es geschafft haben. Die Realisierung der Träume kann dauern. Aber es lohnt sich.

Selbst mit hundert Jahren sollte man eine eigene Vorstellung davon entwickeln, wie es weitergeht. Ist es Zufall, dass einige der Hochbetagten einen Tag nach ihrem 100. Geburtstag sterben? Oder reichte ihr kühner Plan nur bis zu diesem Datum? Die Französin Jeanne Calment wurde 122 Jahre alt. Zwischen 100 und 122 liegen viele Jahre, die gelebt und ausgefüllt werden wollen. Spielte bei ihr vielleicht Lebensfreude eine große Rolle? Sie lernte noch im hohen Alter Neues. Es heißt, sie habe zeitlebens wenig Stress gehabt und sich die Freiheit genommen, zu tun und zu lassen, was sie wollte. (Dabei darf man nicht vergessen, dass sie zwei Weltkriege überlebt hat!) Mag sein, dass Glück in ihrem Leben eine Rolle gespielt hat. Aber welches? Glück im Sinne von Zufall? Oder Glück im Sinne von Lebensfreude? Die deutsche Sprache unterscheidet hier nicht. Anders die französische: chance (Zufall) und bonheur (Glück). Wörtlich bezeichnet bonheur die gute Stunde. Trifft es das nicht genau: Glück als eine Reihe guter Stunden? Der Tag und erst recht das Leben hat viele Stunden. Sollten diese nicht so gut wie möglich sein? Statt ungeplant und ungenutzt dahinzufließen?

Menschen wie Calment definieren das Alter neu. Mit spätestens sechzig Jahren gelten Menschen bei uns als alt. Dabei sind sie nicht einmal halb so alt wie Calment. Wenn ein Mensch in diesem Alter als alt bezeichnet wird, was war dann Calment mit 122 Jahren?

122 Jahre, das sind über eine Million Stunden! Da braucht es schon eine Menge Lebensziele und noch mehr Tagesziele!

Ich glaube nicht, dass Jeanne Calment mit fünf Jahren einen detaillierten Lebensplan hatte. Ich bin mir aber sicher, dass sie, so wie wir alle, vorhatte, frei und glücklich zu leben, so wie es unsere Natur ist.

Ohne den Willen, Freiheit und Glück für sich selbst zu definieren, und ohne den festen Vorsatz, beides gegen alle Widerstände zu verteidigen, wird daraus nichts. Unser Leben erfüllt sich nicht von allein.

In jedem guten Spiel gibt es Hindernisse. Ohne sie wäre es total langweilig. Du würdest einfach deine Steine vorrücken und hättest gewonnen. Wen reizt so etwas?

Warum sollte es im Leben anders sein?

Was du sofort tun kannst

Als Erstes würde ich dir empfehlen, dich mit den verschiedenen Zeitperspektiven zu beschäftigen.

In einer toxischen Familie herrscht eine negative Atmosphäre vor. Vergangenheit, Gegenwart und Zukunft werden überwiegend schlecht beurteilt. So entsteht die Gefahr, dass auch bei dir das Denken in negativen Zeitperspektiven den größeren Raum einnimmt und die positiven Zeitperspektiven zu kurz kommen.

Beschäftige dich deshalb ganz gezielt mit den positiven Aspekten der Vergangenheit, der Gegenwart und der Zukunft. Wenn du willst, auch mit der positiven transzendentalen Zukunft.

Befasse dich mit den Fragen von Ben Furman:

1. Was hat dir geholfen, deine schwierige Kindheit zu überstehen?
2. Was hast du aus deiner schwierigen Kindheit gelernt?
3. Wie hast du es hingekriegt, später die Art von Erlebnissen zu haben, die dir als Kind vorenthalten wurden?

Vielleicht bist du noch nicht an dem Punkt, die beiden letzten Fragen beantworten zu können. Falls du es noch nicht gemacht hast, lohnt es sich, darüber nachzudenken, was du aus deiner schwierigen Kindheit gelernt hast. Es gibt viel daraus zu lernen. Deine Familie hat dir gezeigt, wie vieles nicht geht. Das kannst du dir für dein eigenes Leben ersparen, wenn du die Alternativen dazu findest.

Es könnte sein, dass du dir erst noch die Art von Erlebnissen verschaffen musst, die dir als Kind vorenthalten wurden.

Erfülle dir möglichst bald einen Kindheitstraum!

Ganz wichtig: Entwickle einen Lebensplan. Er muss nicht gleich die nächsten fünfzig Jahre umfassen. Aber über die wichtigsten Punkte wie Beruf, Partnerschaft, Familie, Freundschaften, Gesundheit und persönliche Lebenserwartung solltest du auf jeden Fall so lange nachdenken, bis du dir darüber klar bist.

Vergiss bei der Planung und Realisierung deiner Träume nicht, jeweils die positiven Aspekte der Gegenwart zu sehen. Das gute Leben beginnt nicht erst, wenn deine Träume erfüllt sind. Mach dir ein paar schöne Stunden – heute schon!

Merkzettel für das Überleben und Aufblühen in einer toxischen Familie

Ein Merkzettel muss kurz sein. Sonst kann man seinen Inhalt nicht im Kopf behalten. Am besten schreibst du dir selbst auf einen solchen Zettel, was du dir aus diesem Buch unbedingt merken willst.

Der folgende Merkzettel ist deshalb nur ein Vorschlag.

- Lebensfreude
  Sie gehört an erste Stelle. Sie ist nicht alles, aber ohne sie ist alles nichts.
  Die negativen Zeitperspektiven sind ein Teil des Lebens. Doch die größere Aufmerksamkeit sollte den positiven Aspekten von Vergangenheit, Gegenwart, Zukunft und transzendentaler Zukunft gelten.
  Nicht die toxische Familie, sondern wie man über sie denkt, entscheidet über Stress oder Gelassenheit, die man empfindet.

- Wohlbefinden
  Für den Körper zu sorgen, gehört ebenfalls zu den Prioritäten. Er kann sich wohlfühlen, egal was passiert. Lass ihn

nicht unter der toxischen Familie leiden. Eine gelassene Einstellung hilft dir, den Körper zu entspannen. Darüber hinaus sind tägliche Muskelentspannung und Meditation großartige Hilfen.

- Umgang mit der toxischen Familie
  Hier kommt es darauf an, das zukünftige Verhältnis zu deiner Familie festzulegen. Wie oft willst du wen sehen? Wie viel Raum willst deiner Familie in Zukunft geben? Hör auf, die anderen ändern zu wollen. Ändere lieber dein Denken, dein Verhalten, deine Gefühle und deine Kommunikation. Rede nur so viel mit deinen toxischen Verwandten, wie du es für richtig hältst. Taten sprechen mehr als Worte.
  Und lebe vor allem dein eigenes Leben, so wie es deinem Lebensplan entspricht.

Literatur

Benson, Herbert: The Relaxation Response. Extended, Updated Edition. William Morrow 2000

Burns, David: Feeling good. Depressionen überwinden, Selbstachtung gewinnen. Junfermann 2006

Chandler, Steve: The Very Best of Steve Chandler. Maurice Bassett 2022

deMause, Lloyd: Hört ihr die Kinder weinen. Eine psychogenetische Geschichte der Kindheit. Suhrkamp 1980

Dweck, Carol: Selbstbild. Wie unser Denken Erfolge oder Niederlagen bewirkt. Campus 2007

Ellis, Albert: Training der Gefühle. Wie Sie sich hartnäckig weigern, unglücklich zu sein. mvg 2006

Furman, Ben: Es ist nie zu spät, eine glückliche Kindheit zu haben. modernes lernen 2019

Furman, Ben: Ich schaffs! Spielerisch und praktisch Lösungen mit Kindern finden. Carl Auer 2021

Georgy, Renate: Denk an dich, sonst tut es keiner. Wie Frauen endlich aufhören, es allen recht zu machen. Scorpio 2021

Georgy, Renate: Ich liebe dich, aber ich brauche dich nicht. Wie du dein Herz verschenkst und trotzdem unabhängig bleibst. Scorpio 2021

Georgy, Renate; Hohensee, Thomas: Gelassenheit in der Liebe. Vom Beziehungsfrust zum entspannten Glück. mvg 2016

Gordon, Thomas: Familienkonferenz. Die Lösung von Konflikten zwischen Eltern und Kind. Heyne 2022

Gordon, Thomas: Die Neue Familienkonferenz. Kinder erziehen, ohne zu strafen. Heyne 2014

Gottman, John: Die 7 Geheimnisse der glücklichen Ehe. Ullstein 2014

Hohensee, Thomas: Gelassenheit beginnt im Kopf. So entwickeln Sie einen entspannten Lebensstil. Knaur 2020

Hohensee, Thomas: Außergewöhnlich entspannt. Das geniale Anti-Stress-Programm der Stoiker. Herder 2021

Hohensee, Thomas: Dein innerer Freund. Sich selbst lieben lernen. dtv 2011

Hohensee, Thomas: Buddhas kostbare Geschenke an dich. Die wahre Kraft von Meditation und Achtsamkeit entdecken. Lotos 2022

Hohensee, Thomas: Stärker als das größte Leid. In drei Schritten unerschütterlich durchs Leben. Nymphenburger 2018

Jacobson, Edmund: Entspannung als Therapie. Progressive Relaxation in Theorie und Praxis. Klett-Cotta 2011

Miller, Alice: Am Anfang war Erziehung. Suhrkamp 1983

Santandreu, Rafael: Mach's dir leicht: Die Kunst, sich das Leben nicht zu vermiesen. Goldmann 2014

Schumann, Hans Wolfgang: Der historische Buddha. Leben und Lehre des Gotama. Diederichs 2004

Smith, Manuel: Sag nein ohne Skrupel. Die neue Methode zur Steigerung von Selbstsicherheit und Selbtbehauptung. mvg 2005

Zimbardo, Philip; Boyd, John: Die neue Psychologie der Zeit. Und wie sie Ihr Leben verändern wird. Spektrum Akademischer Verlag 2011

Über den Autor

Thomas Hohensee ist einer der erfolgreichsten deutschsprachigen Sachbuchautoren. Seine Bücher sind in neun Sprachen übersetzt. Seit 2002 hat er 35 Bücher veröffentlicht. Zu seinen Bestsellern zählt *Gelassenheit beginnt im Kopf*.

Als Coach mit über zwanzigjähriger Erfahrung hat er festgestellt, dass viele seiner Klientinnen und Klienten noch immer unter ihren toxischen Familien leiden. Obwohl längst erwachsen, fällt es ihnen oft schwer, sich gegenüber ihren dominanten Eltern, Geschwistern und anderen Verwandten zu behaupten. Von ihren toxischen Familien haben sie viele Denk- und Verhaltensmuster übernommen, die sie an einem glücklichen, entspannten und erfüllten Leben hindern.

Thomas Hohensee bietet neben seiner Tätigkeit als Autor und Coach Seminare zu Stressbewältigung und anderen Themen an.

Zusammen mit seiner Frau, der Autorin Renate Georgy, lebt er in Berlin.

Falls du Interesse an seinen weiteren Büchern, seinem Coaching oder seinen Seminaren hast, findest du nähere Informationen auf seiner Website www.thomashohensee.de